MERIAN *live!*

SPAZIERGÄNGE
in Berlin

Gisela Buddée schrieb diesen Reiseführer. Seit 1994 ist sie als freie Journalistin und Autorin immer in Berlin unterwegs, wenn sie nicht gerade irgendwo zwischen Ostsee und Mittelmeer für ein anderes Buchprojekt recherchiert.

Preise für ein Doppelzimmer mit Frühstück:			
€€€€ ab 240 €	€€€ ab 140 €		
€€ ab 90 €		€	bis 90 €

Preise für ein dreigängiges Menü ohne Getränke:			
€€€€ ab 60 €	€€€ ab 35 €		
€€ ab 20 €		€	bis 20 €

INHALT

◀ Blick auf Berlin-Mitte (▶ S. 16) mit
Museumsinsel und Fernsehturm.

MERIAN TopTen

MERIAN zeigt Ihnen die Höhepunkte auf den Spaziergängen durch Berlin: Das sollten Sie sich unterwegs nicht entgehen lassen.

SPAZIERGANG 1

1 Ephraimpalais
Ein prächtiger Rokokobau mit toskanischen Säulen sowie das einzige erhaltene Stück Stadtmauer (► S.20).

SPAZIERGANG 2

2 Denkmal Friedrichs des Großen
Das Forum Fridericianum verrät eine ganze Menge über den preußischen König – und seine Vorlieben (► S.28).

SPAZIERGANG 3

3 Höfe im Scheunenviertel
Idyllisch und denkmalgeschützt: Hackesche und Heckmannhöfe, und vor allem das graue Haus Schwarzenberg (► S. 40, 41, 46).

SPAZIERGANG 4

4 Breitscheidplatz
Vieles wurde umgestaltet und ist neu um den Breitscheidplatz: Der alte Westen holt jetzt auf (► S.55).

SPAZIERGANG 5

⭐5 Olympiagelände
Vom Glockenturm sieht man in die Waldbühne und über Berlin bis nach Brandenburg. In der Langemarckhalle erfährt man die ganze Geschichte des Geländes (▸ S. 63).

SPAZIERGANG 6

⭐6 Holocaust-Mahnmal
Das Bauwerk des US-amerikanischen Architekten Peter Eisenman ist seit 2005 Gedenkstätte und Kunstort zugleich (▸ S. 79).

SPAZIERGANG 7

⭐7 Café Sibylle
Das belebte und beliebte freundliche Café hat Zeiten- und Systemwende unbeschadet überlebt. Als Mini-Museum erinnert es an die einstige Stalinallee. Man serviert, was es hier immer schon gab (▸ S. 84).

SPAZIERGANG 8

⭐8 Mauerpark
Eine grüne Brücke zwischen Osten und Westen der Stadt ist der Mauerpark. Jenseits der Bernauer Straße ist die Mauerzeit mit dem Todesstreifen in einer vielfältigen Ausstellung umfangreich dokumentiert (▸ S. 92, 121).

SPAZIERGANG 9

⭐9 Landwehrkanal
Eine Dampferfahrt auf dem Landwehrkanal zeigt die grünsten und schönsten Seiten Kreuzbergs. Das Leben am Ufer ist für viele jedoch längst unbezahlbar geworden (▸ S. 104).

SPAZIERGANG 10

⭐10 Prater-Garten
Ein beliebtes Ausflugsziel an schönen Sommertagen ist der mit mehr als 150 Jahren älteste Biergarten Berlins (▸ S. 121).

Chur.Fürstl.Resi:St:Berlin:v.Cöln:

Von der Wildnis zur Hauptstadt

Wo einst nur »Wildnis mit Lehmboden« vorherrschend war, entstanden im Mittelalter an der Spree die Städte Cölln und Berlin. Im Oktober 2012 feierte die Hauptstadt der Bundesrepublik Deutschland ihr 775-jähriges Bestehen. Archäologische Funde lassen indessen vermuten, dass Berlin sogar noch etwas älter ist. Aber fertig ist die Metropole immer noch nicht, wie die vielen Baustellen zeigen. Nichts spricht dagegen, dass es auch in den nächsten Jahren so bleiben wird.

◄ Bis 1432 lagen zwei Städte an der Spree, Berlin und Cölln (Merian-Kupferstich, 1652).

Vor dem Mittelalter siedeln zwischen Havel und Spree Germanen, später, um 600 n. Chr., Slawen, die die Burgen Köpenick und Spandau gründen. Auf halbem Weg, an einer Furt im sumpfigen Waldgebiet der Spree, legen Kaufleute eine Kolonie an; sie heißt Berlin – »Wildnis mit Lehmboden« im Slawischen. Ein Datum ist nicht bekannt.

Auf einer nahen Spreeinsel, Collen (»der aus dem Wasser ragt«), haben sich bereits Fischer niedergelassen. Kaiser Lothar schickt 1134 **Albrecht den Bären** aus dem Haus der Askanier als Markgrafen nach Norden, ihm folgen deutsche Siedler aus dem Harz, aus Franken und vom Rhein. Um den heutigen Mühlendamm entwickeln sich die Städte **Berlin** und **Cölln**. 1237 wird Cölln in einer Urkunde zum ersten Mal namentlich erwähnt, die Stadt Berlin 1244. Das Jahr 1237 jedoch wird später zum offiziellen Stadtgründungsdatum. Erst 2011 soll bei Ausgrabungen ein Holzbalken von ca. 1212 gefunden werden. Nikolaikirche, Marienkirche und eine Stadtmauer werden gebaut. Berlin und Cölln bilden 1307 eine Union, und 1359 wird die Doppelstadt Mitglied des Hansebundes. Luxemburger und Wittelsbacher streiten seit dem Tod des letzten Askaniers Woldemar (August 1319 in Bärwalde) um die Mark, und wiederholt zerstören Brände weite Teile der Stadt.

1411 kommt Burggraf Friedrich VI. von Nürnberg in die Mark. Kaiser Sigismund ernennt ihn zum Kurfürsten **Friedrich I.** (1415–1440).

Mit ihm nimmt die 500 Jahre währende **Herrschaft der Hohenzollern** ihren Anfang.

Berlin wird Residenz

1432 haben sich Berlin und Cölln als Stadt vereinigt. 1440 kommt Friedrichs Ältester, **Kurfürst Friedrich II.**, genannt »Eisenzahn«, mit 600 bewaffneten Reitern, um an der Spree zu regieren. In Tumulten, dem »Berliner Unwillen«, wehren sich die Bürger gegen den Landesherrn, der ihnen eine feudale Zwingburg vor die Nase setzen will, doch der lässt den Roland – das Zeichen freier Gerichtsbarkeit – in die Spree werfen, trennt Berlin und Cölln und erbaut dazwischen von 1443 bis 1451 das erste Stadtschloss. Berlin hat seine städtischen Freiheiten verloren und muss aus der Hanse austreten. 1470 erklären die brandenburgischen Kurfürsten Berlin zu ihrem Regierungssitz, halten sich aber selten dort auf.

EDIKT VON POTSDAM

1685 gewährt Friedrich Wilhelm Glaubensflüchtlingen aus aller Welt das Aufenthaltsrecht in der Mark Brandenburg und in Berlin und erlaubt freie Religionsausübung.

Als **Kurfürst Friedrich Wilhelm** (1640–1688) die Herrschaft übernimmt, leidet das entvölkerte Land unter den Folgen des verheerenden Dreißigjährigen Krieges. Der Regent heiratet eine Holländerin, Louise von Oranien. Neubürger bringen die Wirtschaft in Schwung. Sie stammen aus Holland, Belgien, Polen, Böhmen, Italien. 1671 erlaubt der Große

Kurfürst die Gründung einer jüdischen Gemeinde. 1685 kommen aus Frankreich zahlreiche wegen ihres Glaubens geflohene Hugenotten, die sehr bald ein Viertel der Berliner Bevölkerung stellen.

Der Lustgarten wird angelegt, Berlin zur Festung ausgebaut. Die Dorotheenstadt entsteht am Spreebogen. Hatte Berlin Mitte des 17. Jh. nur noch 6000 Einwohner, sind es jedoch 50 Jahre später schon 55 000.

Preußen ist Königreich

Friedrich Wilhelms Sohn Friedrich III. krönt sich im Januar 1701 in Königsberg zum **König Friedrich I.** (1701–1713), zum ersten »König in Preußen«. Das Zeughaus wird gebaut, die beiden Kirchen am Gendarmenmarkt und für Königin Sophie Charlotte ein Schloss, später Charlottenburg genannt, das zum Treffpunkt europäischer Geistesgrößen wird. Am 1. Januar 1710 bekommt die gesamte Residenzstadt ihren endgültigen Namen – Berlin. Sie umfasst ungefähr die Fläche des heutigen Bezirks Mitte.

Friedrich Wilhelm I. (1713–1740) verachtet den prunkvollen Lebensstil seiner Eltern, der ihm auch leere Staatskassen hinterlassen hat. Er hat zwei Lebensziele: eine schlagkräftige Armee und eine ordentliche Stadt,

---

»LANGE KERLS«

Friedrich Wilhelm I., der Soldatenkönig, hat eine Schwäche: die »Langen Kerls«. In Potsdam hat er eine Garnison baumlanger Männer aufgestellt. Zwölf lange Afrikaner tauscht er mit den Holländern gegen Stützpunkte in Westafrika.

---

und er spart eisern. Die Berliner hassen ihn wie alles Militärische. Sogar sein Sohn Friedrich versucht, dem strengen Patriarchen zu entfliehen. Der Plan wird verraten, Friedrich Wilhelm I. will seinen Sohn als Deserteur töten lassen, begnügt sich dann aber mit der Hinrichtung dessen Freundes und »Komplizen«, des Leutnants Hans Hermann Katte. Friedrich muss dabei zusehen.

Friedrich der Große

Mit 28 Jahren tritt **Friedrich II.** (1740–1786) ein mächtiges Erbe an, die viertstärkste Armee Europas. Mit dem Einmarsch in Schlesien und mit zwei weiteren Kriegen zeigt er, was er unter Machtpolitik versteht, und macht Preußen zur Großmacht. Aber er holt auch die größten Geister der Zeit an seinen Hof, allerdings nach Potsdam in seine Sommerresidenz Sanssouci. Die Linden werden ausgebaut, das Opernhaus eröffnet, 1785/86 entsteht Schloss Bellevue, und Schloss Charlottenburg wird erweitert. Der Dichter Gotthold Ephraim Lessing kommt nach Berlin, eine lockere Vereinigung von Literaten trifft sich, Berlin wird zum Zentrum der Aufklärung. 1751 entsteht die spätere Königliche Porzellan-Manufaktur (KPM), die erste Bank wird gegründet. Mit der englischen Spinnmaschine beginnt 1781 die Mechanisierung der Berliner Textilherstellung.

Im August 1786, als Friedrich der Große – für die Berliner stets nur der »Alte Fritz« – stirbt, ist Berlin mit 150 000 Einwohnern eine mitteleuropäische Metropole.

Sein Neffe **Friedrich Wilhelm II.** (1786–1797), auch als der »dicke Wilhelm« bekannt, lässt das Bran-

1870, in der Wilhelmstraße fährt man noch mit Pferdekutschen vor, entsteht eine Ringbahn für den Güter- und Personenverkehr.

denburger Tor bauen. Die Stadt wird für ihre Schönheit und Weltoffenheit weit gerühmt.

Sein Nachfolger **Friedrich Wilhelm III.** (1797–1840) flieht mit seiner schönen und klugen Frau Luise vor Napoleons Eroberungszügen bis nach Memel, sodass Napoleons Truppen 1806 durch das Brandenburger Tor marschieren können. Nach zwei Jahren ziehen sie wieder ab, manches Beutestück im Gepäck.

In den Salons wird über die Demütigung Deutschlands diskutiert, allmählich entsteht etwas wie ein deutsches Nationalgefühl und das Bedürfnis nach Reformen in einem daniederliegenden Staat. Was die kulturellen Zirkel der Intellektuellen, oft Juden, denken und planen, setzen Politiker wie Wilhelm von Humboldt, August von Hardenberg und der Reichsfreiherr Karl vom und zum Stein um: 1809 nimmt ein gewähltes Stadtparlament seine Arbeit auf. Der Zunftzwang wird aufgehoben, die Bildung reformiert.

1813 ruft Friedrich Wilhelm III. zum bewaffneten Widerstand gegen Napoleon auf, führt die Befreiungskriege und spendiert den Orden Eisernes Kreuz. Der König will von Reformen nichts mehr wissen. Auf dem Wiener Kongress erhält Preußen Köln, Aachen, Mainz, Trier und Saarbrücken zugesprochen.

Spree-Athen

Der preußische Architekt und Stadtplaner **Karl Friedrich Schinkel** baut die Neue Wache; Schauspielhaus und Altes Museum entstehen im klassizistischen Stil. Manch einer denkt an das antike Griechenland und nennt Berlin »Spree-Athen«. Im Jahr 1816 fährt das erste in Deutschland gebaute Dampfschiff, die »Prinzessin Charlotte«, über Havel und

Großes Hurra! Für Kinder ist die Luftbrücke (▸ S. 13), über die Berlin elf Monate per Flugzeug versorgt wird, ein einziges Abenteuer.

Spree, und bereits 1838 verkehrt eine Eisenbahn zwischen Potsdam, Zehlendorf und Potsdamer Platz.

Vom neuen König **Friedrich Wilhelm IV.** (1840–1861) erwarten die Berliner neue Reformen und erfahren die Unterdrückung aller freiheitlichen Gedanken. Eine rasante Industrialisierung bringt immer mehr Menschen in die Stadt. Es kommen mehr, als Arbeit vorhanden ist, die Lebensverhältnisse der kleinen Leute sind erbärmlich. Aus Frankreich schallt 1830 die Kunde vom Sturz der Monarchie. In Berlin formuliert man Forderungen nach Freiheit und Demokratie an den absolutistisch herrschenden König. Eine Nationalversammlung soll eine demokratische Verfassung entwerfen. Die Lage eskaliert. Aufständische bauen Barrikaden, Truppen schießen. 216 Menschen sterben bei dieser Märzrevolution. Im November lässt der König den Aufstand endgültig niederschlagen. Preußen wird konstitutionelle Monarchie.

1845 beginnt man den 10,5 km langen Landwehrkanal zu graben. Für die Wohlhabenden bauen Schinkel-Schüler prunkvolle, großzügige Villen. In neuen Mietskasernen drängen sich Arbeiter und Arbeitslose. **Wilhelm I.** wird 1861 König von Preußen, ein Jahr später **Otto von Bismarck** preußischer Ministerpräsident. 1867 wird Berlin Hauptstadt des Norddeutschen Bundes und Sitz des Reichstags.

Hauptstadt des Kaiserreichs

Berlin wächst mit Mietskasernen und Villen ins Umland hinaus. 1868 findet der Allgemeine Deutsche Arbeiterkongress zur Gründung der ersten Gewerkschaften statt. 1871 im Deutsch-Französischen Krieg wird der »Erbfeind« bei Sedan geschlagen, und am 18. Januar 1871 vernimmt Berlin die nächste Überraschung: König Wilhelm I. wird in Versailles zum **Kaiser** gekrönt. Berlin ist **Hauptstadt** des neuen Deutschen (Kaiser-)Reichs.

Glanz und Not der Gründerjahre

Die siegreichen Truppen ziehen 1871 in eine bald zweigeteilte Stadt: Armut und Elend im Norden und Osten, Glanz der Gründerjahre im Westen. Fünf Milliarden Francs Kriegsschuldzahlungen Frankreichs sollen die Wirtschaft kräftig ankurbeln. Der Kurfürstendamm wird – nach Pariser Vorbild – ausgebaut. Auf dem Königsplatz – heute Platz der Republik – wird die Siegessäule aufgestellt. Kanalisation, Schlachthof, Markthallen entstehen, eine Ringbahn um Berlin ist im Bau, Berlin ist Weltstadt. Schon wanken Banken und Börsen, kleine und große Spekulanten verlieren viel Geld, den Firmenpleiten folgen Massenentlassungen, Arbeitslosigkeit und Not. Die Arbeiterbewegung radikalisiert sich, auf den Kaiser wird ein Attentat verübt. 1878 erlässt Bismarck die Sozialistengesetze. Über Berlin und Umgebung wird der »Kleine Belagerungszustand« verhängt. Die Bevölkerung steht unter Kriegsrecht. 1888 geht als Dreikaiserjahr in die Geschichte ein. Wilhelm I. stirbt 90-jährig. Für 99 Tage folgt ihm sein todkranker Sohn Friedrich I., bis der von seinem 29 Jahre alten Sohn **Wilhelm II.** (1888–1918) abgelöst wird. Otto von Bismarck wird nach Meinungsverschiedenheiten mit dem Kaiser aus allen Staatsämtern entlassen. Der Kaiser lässt 34 neue Kirchen errichten, den Dom als protzige Staats- und Hofkirche umbauen, Kasernen in Tempelhof errichten und die Siegesallee mit 32 Monumenten schmücken. Berlin soll die schönste Stadt der Welt werden. Für manche ist sie das schon. Um das Jahr 1900 leben rund 1,9 Millionen Menschen in der Stadt.

Die Weimarer Republik

Den Ersten Weltkrieg (1914–1918) erleben die Berliner als Zeit der Rationierung. Not und Hunger führen zur Revolution. Am 9. November 1918 streiken die Betriebe, und die Menschen versammeln sich in den Straßen. Die »B.Z. am Mittag« verkündet: »Der Kaiser hat abgedankt.« Der SPD-Politiker Philipp Scheidemann ruft von einem Fenster des Reichstagsgebäudes die Republik aus – und Karl Liebknecht von einem Balkon des Schlosses die freie sozialistische Republik. Der SPD-Vorsitzende Friedrich Ebert übernimmt die Regierungsverantwortung. Der Streit um die Zukunft wird im Januar 1919 beim Spartakusaufstand schließlich mit Waffengewalt ausgetragen. Als die KPD zum Generalstreik aufruft, werden ihre Anführer, Karl Liebknecht und Rosa Luxemburg, festgenommen, misshandelt und umgebracht. Die

MILLIONENBAUERN

Man spricht von »Schöneberger Millionenbauern«, die ihr Ackerland vorteilhaft verkaufen. Der Hamburger Kaufmann Johann Anton Wilhelm von Carstenn erwirbt große Güter, um darauf die Villenstädte Lichterfelde-West, Lichterfelde-Ost, Friedenau, Halensee und Wilmersdorf zu bauen.

Wahlen zur Nationalversammlung gewinnt die SDP. Die Abgeordneten weichen vor den anhaltenden Unruhen in das ruhige Weimar in Thüringen aus und begründen damit die **Weimarer Republik**.

Die kurzen, aber Goldenen Zwanziger

1920 wird Berlin durch Eingemeindungen zu **Groß-Berlin**. Mit etwa 3,8 Millionen Einwohnern ist es nun nach London und Paris drittgrößte Stadt Europas, zugleich wirtschaftliches, kulturelles und gesellschaftliches Zentrum. 1923 wird aus dem Vox-Haus die erste Rundfunksendung ausgestrahlt. Auf dem neuen Messegelände findet 1924 die erste Funkausstellung statt, der Flughafen Tempelhof wird gebaut. In Theatern, Kabaretts und Bars wird die neue Zeit gefeiert. Der Glanz überstrahlt nicht nur die politische Zerrissen-

heit, die Inflation hat viele Menschen in Armut gestürzt.

Mit 636 000 Arbeitslosen erreicht die Wirtschaftskrise 1932 ihren Höhepunkt. Jeder dritte Berliner lebt von den niedrigen öffentlichen Zuwendungen. Die Nationalsozialisten erhalten starken Zulauf. Reichspräsident Hindenburg ernennt am 30. Januar 1933 Adolf Hitler zum Reichskanzler. Die SA feiert die »Machtergreifung« mit einem Fackelzug durch das Brandenburger Tor.

Schaltzentrale des Naziterrors

Am 28. Februar 1933 brennt der Reichstag – für die Nazis ein willkommener Anlass, ihre politischen Gegner auszuschalten. Der Reichstag erlässt im März das Ermächtigungsgesetz. Das Parlament hat sich damit selbst entmachtet. Im März noch wird in Oranienburg-Sachsen-

Tanz auf der Mauer am Brandenburger Tor (▶ S. 14) 1989 – davon wagten die Berliner 28 Jahre lang nicht einmal zu träumen.

hausen das erste Konzentrationslager im Berliner Raum eingerichtet,
und politisch Verfolgte werden in
großen Massen dorthin gebracht.
Am 1. April werden jüdische Geschäfte beschädigt und boykottiert,
dann jüdische Beamte entlassen. Am
10. Mai werden auf dem Opernplatz
(heute Bebelplatz) die Bücher linker,
demokratischer und jüdischer Dichter verbrannt. Im Sommer 1936
feiert man die XI. Olympischen
Spiele in einem tolerant anmutenden
Berlin. Die pangermanische Hauptstadt Germania wird geplant. In
dem als »Reichskristallnacht« orga-
nisierten Judenpogrom in der Nacht
vom 9. auf den 10. November werden die meisten der 80 Berliner
Synagogen zerstört oder beschädigt.
Bei Beginn des Zweiten Weltkriegs
hat Berlin bereits 4,34 Millionen
Einwohner. Im Oktober 1941 beginnt die Massendeportation der
Berliner Juden in Konzentrations-
und Vernichtungslager. Die Berliner
erle-ben am 25. August 1940 den
ersten Luftangriff, den ersten schwe-
ren am 1. März 1943. Am 18. Februar
hatte Joseph Goebbels im Sportpa-
last den »totalen Krieg« proklamiert.
Nach dem misslungenen Attentat auf
Hitler am 20. Juli 1944, der Operation
»Walküre«, werden die Verschwörer
im Bendler-Block im Tiergarten erschossen. Im April 1945 beginnt die
Rote Armee den Angriff auf Berlin.
Am 2. Mai kapituliert Berlin, und am
8. Mai unterzeichnet die Wehr-
machtsführung in Berlin-Karlshorst
die bedingungslose Kapitulation.

Teilung und Mauerbau

Bereits während des Krieges hatten
sich die USA, die Sowjetunion und
Großbritannien über die Teilung des

WANNSEEKONFERENZ

Am 20. Januar 1942 beschließen
15 Beamte unter Leitung von Reinhard
Heydrich, Chef des Reichssicher-
heitshauptamts, in einer Villa am
Wannsee die bürokratisch perfektio-
nierte Deportation aus den unter
deutscher (Militär-)Herrschaft stehen-
den Gebieten in Vernichtungslager:
Das betrifft ca. sechs Millionen Juden,
200 000 Sinti und Roma.

Deutschen Reichs verständigt. Berlin wird in vier Sektoren geteilt und
der Aufsicht einer dem Alliierten
Kontrollrat unterstehenden Behörde
unterstellt. Als die Westmächte
(Amerikaner, Engländer, Franzosen) auf der Londoner Sechsmächte-
konferenz den Wiederaufbau West-
deutschlands beschließen, kündigen
die Sowjets im März 1948 die Zusammenarbeit auf. Nach der Wäh-
rungsunion in den Westsektoren
Berlins lässt die sowjetische Mili-
tärverwaltung am 24. Juni 1948
sämtliche Zufahrtswege nach Berlin
blockieren. Der amerikanische Mili-
tärgouverneur Lucius D. Clay organisiert mit Bürgermeister Ernst
Reuter die **Luftbrücke**, über die
2,5 Millionen Menschen elf Monate
lang mit allem Lebensnotwendigen
aus der Luft versorgt werden. Am
23. Mai 1949 wird das **Grundgesetz
der Bundesrepublik Deutschland**
verkündet. »Provisorische« Hauptstadt ist jetzt Bonn. Am 7. Oktober
1949 wird die Deutsche Demokratische Republik proklamiert, Ost-Berlin wird **Hauptstadt der DDR** und
deren Regierungssitz.
Das Berlinhilfegesetz von 1950 ver-
schafft der »Frontstadt« West-Berlin

BEKENNTNIS

Im Juni 1963 besucht US-Präsident John F. Kennedy West-Berlin und gibt vor dem Rathaus Schöneberg ein Treuebekenntnis der Schutzmacht zu West-Berlin ab: »Ich bin ein Berliner.«

mit Zuschüssen und Steuervorteilen Milliarden. In Ost-Berlin wird der sozialistische Aufbau vorangetrieben. Am 16./17. Juni 1953 wird der Volksaufstand in Ost-Berlin mithilfe des sowjetischen Militärs niedergeschlagen. Immer mehr Menschen fliehen in den Westen. 1953, auf dem Höhepunkt der Fluchtbewegungen aus der DDR, wird das Notaufnahmelager Marienfelde eröffnet. Für mehr als 300 000 Menschen wird es zum Durchgangslager. Am 13. August 1961 beginnt der Bau der **Berliner Mauer**, von der damaligen DDR-Führung als »antifaschistischer Schutzwall« verkauft. Noch am 15. Juni 1961 beantwortet Walter Ulbricht, der Erste Sekretär des Zentralkomitees der SED, anlässlich einer Pressekonferenz die Frage eines Journalisten: »Mir ist nicht bekannt, dass eine solche Absicht besteht … Niemand hat die Absicht, eine Mauer zu errichten.« Am Höhepunkt des Kalten Krieges ist die Stadt endgültig in zwei Hälften geteilt und West-Berlin zur Insel geworden.

28 Jahre Alltag in der geteilten Stadt

1967 gründet sich in West-Berlin die Kommune I. Am 2. Juni wird während einer Protestdemonstration gegen den Schah von Persien der 26-jährige Student Benno Ohnesorg von dem Polizeibeamten Karl-Heinz Kurras erschossen, und damit beginnen militante Aktionen der APO (Außerparlamentarische Opposition), Demonstrationen gegen den Vietnamkrieg und die Springer-Presse. West-Berlin macht durch Krawalle und Hausbesetzungen Schlagzeilen. 2009 wird entdeckt, dass Kurras Inoffizieller Mitarbeiter (IM) des Ministeriums für Staatssicherheit (Stasi) der DDR war, und Fotos zeigen 2011, dass er den Studenten keinesfalls aus Notwehr, sondern unbedrängt und gezielt aus kurzer Entfernung erschoss.

In Ost-Berlin wird der Alexanderplatz mit dem Fernsehturm als neues Zentrum gestaltet, der Palast der Republik errichtet. Zunehmend wird im Osten Ende der 1980er-Jahre Unmut über die ökonomische und politische Krise laut. Nach den vom russischen Präsidenten Michail Gorbatschow eingeleiteten Reformen in der Sowjetunion und der Auflösung des sozialistischen Bündnissystems wankt auch die DDR. Den Montagsdemonstrationen in Leipzig 1989 folgen die in Ost-Berlin. Am 9. November fällt die Mauer. Am 22. Dezember ist das **Brandenburger Tor** endlich wieder ein Tor.

Wieder vereint und wieder Hauptstadt

Am 31. August 1990 wird der Einigungsvertrag zwischen den beiden deutschen Staaten von den Verhandlungsführern, Innenminister Schäuble und DDR-Staatssekretär Krause, unterzeichnet. Am 20. Juni 1991 wird entschieden, dass Berlin wieder **Hauptstadt und Regierungssitz** werden soll. Im Mai 1999 tagt das Parlament zum ersten Mal im Reichstag, der nun Bundestag ist.

Rund um die Wiege der Hauptstadt
Das Nikolaiviertel in Berlin-Mitte

Es ist nicht einfach, in Berlin authentische Spuren der Stadtwerdung zu finden. Die Furt an der Spree, die vor etwa
800 Jahren schon besiedelt war, ist längst eine viel befahrene
Hauptstraße. Aber das Nikolaiviertel, zum 750. Stadtjubiläum
1987 der Altstadt nachempfunden, erfreut Besucher mit
originalen und nachgebauten alten Häusern, nostalgisch
dekoriert, um die älteste Kirche der Stadt.

◄ Blick auf Berlin-Mitte mit Marienkirche und Fernsehturm, der mit 368 m
Deutschlands höchstes Bauwerk ist.

START Rolandufer, U-Bahn: Janno-
witzbrücke

ENDE Poststraße/Rathausstraße,

DAUER 1 Stunde

Verlassen Sie die U-Bahn Richtung
Brückenstraße, und gehen Sie hinüber zum **Rolandufer**. Am Fuß der
Ufertreppe starten Schiffe zur Rundfahrt auf der Spree. Am Südufer ragt
aus den Bäumen ein roter Turm, der
zum im neogotischen Stilmix errichteten Märkischen Museum gehört,
das die Ur- und Frühgeschichte des
Berliner Raums dokumentiert. Weiter westlich sehen Sie im Museums-
hafen alte Schiffe liegen, von denen
manche im Sommer zu historischen
Touren durch die Stadt ablegen.
Vor dem grauen Gebäude, der neu-
en niederländischen Botschaft, biegen Sie in die Klosterstraße ein
und überqueren anschließend die
Stralauer Straße, von der Historiker
annehmen, dass sie die älteste Straße
der Stadt ist. Hinter einem Jugend-
stilportal reihen sich weiß und grün
gekachelte Gewerbehöfe vom Ende
des 19. Jh. aneinander. Mit der **Paro-
chialkirche** (1695–1703), die Johann Arnold Nering und Martin
Grünberg planten, ist einer der
wenigen Berliner Barockbauten erhalten geblieben. Im Inneren sind
die Kriegszerstörungen sichtbar. Der
Turmaufsatz mit Glockenspiel wurde 2016 rekonstruiert.

Um die Parochialkirche

Wenn Sie nach rechts in die **Paro-
chialstraße** einbiegen, kommen Sie
an deren Ende, in der **Waisenstraße**,
zum Gasthaus **Zur letzten Instanz**,
in dem schon der Zeichner Heinrich
Zille am alten Majolika-Kachelofen
gesessen hat. Bereits 1552 soll hier
ein Gasthaus gestanden haben. Der
Name nimmt Bezug zum dahinter
liegenden Stadtgericht mit neobaro-
cker Fassade, weitläufigen Treppen-
häusern und Jugendstilgeländern.
Links, hinter den Gasthaustischen
im Schatten alter Bäume, treffen Sie
auf ein Stück mittelalterlicher Stadtmauer. Aus Feldsteinen errichtet,
später teils mit Ziegelsteinen ergänzt,
verlor sie im 17. Jh. schließlich ihre
Funktion und wurde zur Rückwand
der Häuser, die hier entstanden.
Große Brände, wie der von 1380,
haben das älteste Berlin fast ausge-
löscht. 1660 wurde für die Stadt eine
Gassenordnung erlassen. Daraufhin
musste jeder Hausbesitzer die Straße
bis zum Rinnstein pflastern, und

BERLINER BÄREN

Die ersten Bewohner eines 1938
eingerichteten Bärenzwingers waren
ein Geschenk der Stadt Bern zum
700. Stadtgeburtstag Berlins. Im Jahr
2016 starb schließlich Berlins letzte
Stadtbärin Schnute.

---

zwar so, dass das Wasser bei Regen
ablaufen konnte, und Ställe, die »so
einigen Stank geben könnten«, sollten ganz verschwinden. Eine Was-
serleitung – hölzerne Rinnen, die
Wasser zu Höfen und Straßen führ-
ten – gab es zwar schon seit dem Jahr
1572, aber das Wasser war schmutzig, und bis zum 19. Jh. war nur
Brunnenwasser gefahrlos trinkbar.
Sie folgen nun der Waisenstraße
nach Norden bis zu ihrem Ende, wo

in einer Grünanlage die **Ruine der Klosterkirche** in den Himmel ragt, die um 1250 am damaligen Stadtrand als Teil eines Franziskanerklosters entstanden ist, eine dreischiffige Basilika in schönster märkischer Backsteingotik. Die Klosteranlage selbst war zu Beginn des 16. Jh. fertiggestellt worden. Als mit Leonhard Thurneysser ein Alchimist und Astrologe aus dem schweizerischen Basel nach Berlin kam, der zudem als Wunderdoktor bekannt war, überließ Kurfürst Johann Georg ihm Teile des Klosters für Laboratorien. Auch die erste Druckerei der Stadt wurde hier eingerichtet. 1574 stiftete der Kurfürst das Gymnasium Zum Grauen Kloster, und 1576 gab es bereits 600 Schüler. Es wurde zu Berlins bedeutendster Bildungseinrichtung. Karl Friedrich Schinkel hat sie ebenso besucht wie Otto von Bismarck. Durch den Eingang Klosterstraße kann man in die Kriegsruine hineinsehen, hier finden im Sommer Ausstellungen und Konzerte statt. Von 1290 bis 1300 entstand neben der Klosterkirche das Hohe Haus, das Haus des Landesherrn bis zum Schlossbau (Grundsteinlegung am 31. Juli 1443).

Bei den Mühlen

An der Ecke Grunerstraße wenden Sie sich nach Süden, das heißt nach links. Im Molkenmarkt – das ist die große Kreuzung – werden Sie den »ollen Markt« der alten Handelssiedlung nicht erkennen, ebenso wenig im Mühlendamm den Ort, an dessen Wehr sich einst Wassermühlen drehten. Sie überqueren die Kreuzung zweimal und folgen dem Mühlendamm nun einige Schritte, um beim »Paddenwirt« (Padden sind Frösche) in die Eiergasse einzubiegen, die direkt in Berlins »Altstadt« führt. Richtig alt sieht sie aus, das ist sie auch nicht, aber bis zur Zerstörung im Zweiten Weltkrieg hat es noch eine Altstadt mit engen Gassen und kleinen Häusern im Schatten der Nikolaikirche gegeben. Bei der neuen Bebauung des historischen Orts bis 1987 sollten kulturhistorische Verluste zeitgemäß ersetzt werden, eine detailgetreue Rekonstruktion der mittelalterlichen Altstadt hat der Architekt Günter Stahn, der das neue Nikolaiviertel entwarf, aber nicht vorgesehen.

Nikolaikirche und Bären aus Stein und Stoff

Biegen Sie gleich links auf den **Nikolaikirchplatz** ein. Schmale Häuser, nur 3 bis 4 m breit, aus dem 17. und 18. Jh. umstanden die Kirche bis zur Zerstörung im Zweiten Weltkrieg. In einem von ihnen, am Nikolaikirchplatz 7, wohnte von 1752 bis 1755 Gotthold Ephraim Lessing. Wenn Sie an der »Kaffeestube« den kurzen Weg zum Mühlendamm einbiegen, sehen Sie links an der Ecke das Gasthaus **Zur Rippe** und an dessen Mühlendammfront über dem Fenster eine Riesenrippe. Das Hauszeichen geht auf eine Sage zurück: Der Riese Rolbert hatte eine Fischerstochter geraubt, und der tapfere Berliner hatte den Riesen nach hartem Kampf besiegt. Die Rippe mit dem Schulterblatt ist das Siegeszeichen.

Kehren Sie nun zum Nikolaikirchplatz um und gehen zum **Bärenbrunnen** vor der Nikolaikirche. Ausgrabungen von 1956 bis 1958, die auf einen Friedhof hinwiesen, belegen eine Besiedelung des Orts schon im 12. Jh. An der Nikolaikirche sehen Sie mit dem Felssteinsockel der westlichen Turmfront das älteste erhaltene Mauerwerk der mittelalterlichen Stadt, das noch von einem Vorgängerbau stammt. Vier Bauphasen der dem Schutzpatron der Kaufleute geweihten Kirche lassen sich nachweisen: eine Pfeilerbasilika aus der Zeit um 1200, der Erweiterungs- oder Neubau von 1264, dessen Granitquader den Turm begründen, der Bau des Chores von 1378/79 und der abschließende Bau von 1460, der der Kirche die heutige Gestalt gab – mit einem Turm. Die zwei Türme heute werden auf einen Irrtum bei der Restaurierung im 19. Jh. zurückgeführt. Eine Sichtgrube ermöglicht Ihnen einen Blick auf Fundamente und Mauerwerk. Eine Dauerausstellung mit Originalobjekten dokumentiert nach der Sanierung die Geschichte der Kirche, die nun Museum ist.

Altberliner Wohnhäuser

Wenn Sie die Kirche verlassen haben, biegen Sie nach links in die **Poststraße**, an deren Ecke ein klassizistisches Haus zum Besuch einlädt. Dass der bürgerliche Christian Knoblauch 1759 an diesem Ort ein dreistöckiges Haus errichten durfte, mag an seinen guten Kontakten zu Hof und Militär gelegen haben, und das wiederum daran, dass er auch Waffen produzierte. Im 18. Jh. wurde das einstige Rokokohaus umgebaut. Sohn Karl Friedrich eröffnete 1789 im Erdgeschoss eine Seidenhandlung. Heute ist das **Knoblauchhaus**, das älteste Bürgerhaus im Nikolaiviertel, ein Museum, in dem in sieben Zimmern der Biedermeier mit Familienporträts und Raumdekora-

»Krach in der Destille«, so sah ihn »Pinselheinrich« Zille (▶ S. 21), der berühmte Chronist des Berliner »Milljöhs«, um 1910.

tionen konserviert ist. Es ist täglich außer Montag zu besichtigen. Wenden Sie sich nun auf der Straße wieder Richtung Mühlendamm, so kommen Sie zur einst »schönsten Ecke« Berlins, an der das **Ephraimpalais** ⭐ steht, ein prachtvolles Rokokopalais. Toskanische Säulen tragen den Balkon, Vasen und Putten schmücken die Attika. Das Haus hatte sich Nathan Veitel Heine Eph-

FALSCHMÜNZER

Teile des Ephraimpalais stammen vom Brühlschen Palais in Dresden. Friedrich II. hatte angeordnet, den Besitz des Grafen Brühl zu zerstören, und das Geschenk für den »Münzjuden« sollte den Grafen beleidigen und gleichzeitig Dank für Ephraims Falschprägungen zur Finanzierung des Siebenjährigen Krieges sein.

raim, Münzpächter und Hofjuwelier Friedrichs II., der bei der Finanzierung des Siebenjährigen Krieges half, von 1762 bis 1765 errichten lassen. Das Haus, das mit wechselnden Ausstellungen aufwartet, ist täglich außer Montag geöffnet. Wegen Erweiterung der Mühlendammbrücke wurde das Haus 1936 abgetragen, und die nummerierten Sandsteinteile wurden eingelagert – im Westen. Ein Kulturgüteraustausch brachte sie nach Ost-Berlin zurück, sodass das Haus von 1985 bis 1987, um 12 m zurückversetzt, wieder aufgebaut werden konnte. Im Inneren zeigt das Stadtmuseum wechselnde Ausstellungen.

Bummeln Sie nun die Poststraße zurück. Eine Theodor-Fontane-Apotheke, wie sie an der Ecke Propststraße steht, hat es hier nie gegeben. An der Ecke der Straße **Am Nußbaum** steht ein Haus mit dem Giebel zur Straße und imitiert die alte Kneipe des Zeichners Heinrich Zille von der Fischerinsel.

Erinnerungen an Zille

Von dem Häuschen aus dem 16. Jh. ist jedoch kein Stein erhalten. Zum 150. Geburtstag des Grafikers und Zeichners (1858–1929) wurde hier ein Zille-Denkmal enthüllt. Wenn Sie die **Propststraße** zurück Richtung Spree gehen, sehen Sie in Nr. 11 ein **Zille**-**Museum**, das Arbeiten des als »Pinselheinrich« bekannten Berliners zeigt. An der Spree wacht St. Georg, hoch zu Ross, im Kampf mit dem Drachen, die Skulptur, die der Bildhauer August Kiß 1853 für den Schlosshof schuf. Sie wenden sich wieder der Propststraße zu und biegen links in die Poststraße ein. Dort wurde die bürgerliche Gerichtslaube in eine moderne Gaststätte verwandelt. Sie treffen am Ende der Poststraße auf die Rathausstraße, biegen nach rechts ein und gehen am Rathaus vorbei zum Bahnhof Alexanderplatz.

MUSEUM

Heinrich-Zille-Museum ▶ S. 140, C 12

Zeichnungen, Druckgrafiken und Fotos präsentieren Leben und Werk des bekannten Künstlers.

Propststr. 11 • www.zillemuseum-berlin.de • Mo–Sa 11–18, So 13–18 Uhr • Eintritt 6 €, erm. 5 €

ESSEN UND TRINKEN

Le Provençal ▶ S. 140, B 12

Fein wie einst die Gegend: Schnecken als Vorspeise, als Hauptgericht Lammcarré und zum Nachtisch Lavendeleis.

Spreeufer 3 • Tel. 02 75 67 • www.leprovencal.de • tgl. 12–24 Uhr • €€€

Reinhard's Restaurant ▶ S. 140, C 12

Günstiger Businesslunch oder vegetarisches Gericht, im Sommer kann man auch draußen sitzen.

Poststr. 28 • Tel. 24 71 98 15 • www.reinhards.de • tgl. ab 9 Uhr • €€

Zur letzten Instanz ▶ S. 140, C 12

Am Majolika-Kachelofen sitzen wie Napoleon, Charlie Chaplin und Jacques Chirac, »Sühneversuch« oder »Kreuzverhör« bestellen und Gulasch oder Eisbein essen.

Waisenstr. 14–16 • Tel. 2 42 55 28 • www.zurletzteninstanz.com • Mo 17–1, Di–Sa 12–1, So 12–22 Uhr • €€

EINKAUFEN

Teddy's ▶ S. 140, C 12

Vom Winzling bis zum Riesen gibt es alles, was nach Teddy aussieht.

Propststr. 4 • www.teddy-laden.de • Mo–Fr 10–19.30, Sa 10–18, So 11–18 Uhr

Flaniermeile Unter den Linden
Prachtstraße in Berlin-Mitte

Unter den Linden ist Berlins Hauptstraße und eine Flanier-
meile. Sie beginnt an der Schloßbrücke mit dem Humboldt
Forum und endet am Pariser Platz mit dem Brandenburger
Tor, das im geteilten Deutschland zum Symbol für die Einheit
Berlins geworden ist. Ihre Häuser erzählen vom Glück und
Unglück eines ganzen Landes über Jahrhunderte hinweg.
Auch darum ist diese Straße immer noch ein Mythos.

◄ Das Brandenburger Tor (► S. 23), heute Symbol für die Einheit Berlins und die deutsche Wiedervereinigung.

START/ENDE	Brandenburger Tor, Bus: 100, 200; S-Bahn: Unter den Linden
DAUER	2 Stunden

Am **Brandenburger Tor** soll Ihr Spaziergang seinen Anfang nehmen. Als Friedenstor und triumphaler Abschluss der Prachtstraße Unter den Linden wurde es geplant. Der Baumeister Carl Gotthard Langhans orientierte sich bei seinem Entwurf an den Propyläen der Akropolis von Athen. Eine streng anmutende und wuchtige klassizistische Toranlage entstand von 1788 bis 1791 als doppelter Portikus mit großen dorischen Säulen, die durch Zwischengänge getrennt sind. Der mittlere Durchgang, mit 5,5 m am breitesten, war den Equipagen des Königs vorbehalten. Die Flügelbauten dienten als Unterkünfte für Wachsoldaten und Zöllner. Im nördlichen Anbau erholen sich heute Touristen im »Raum der Stille« vom Stadtlärm.

Der bildhauerische Schmuck entstand nach Entwürfen Gottfried Schadows mit Themen der griechischen Mythologie. Die Reliefs im Inneren der Durchfahrt künden von den Taten des Herkules. Das Relief auf der Attika an der Stadtfront zeigt den Einzug der Friedensgöttin in die Stadt. Auf der Quadriga triumphiert Eirene, die Friedensgöttin, im vierspännigen Streitwagen. Napoleon ließ die Dame samt Gespann 1806 in Kisten verpacken und nach Paris entführen. Marschall Blücher holte sie 1814 zurück, und sie bekam das Eiserne Kreuz mit Eichenkranz und preußischem Adler und galt von nun an als Viktoria, die Siegesgöttin. Der Platz, über den sie wacht, wurde zum Pariser Platz.

Bühne Pariser Platz

Der **Pariser Platz**, unter König Friedrich Wilhelm I. als 120 × 120 m großes Quadrat angelegt, wurde im Laufe der Jahre mit prächtigen Stadtpalais dicht umbaut und bildete somit ein städtebauliches Pendant zum Schloss. Berliner Prominente und wohlhabende Bürger haben hier gelebt: der Maler und Präsident der Akademie der Künste Max Liebermann, der Komponist Giacomo Meyerbeer, der Kunstsammler Fürst Radziwill, die Feldmarschälle Blücher und Wrangel, der Rechtsgelehrte Savigny. Die französische und die britische Botschaft standen am Pariser Platz, ebenso das Hotel Adlon. Im letzten Kriegsjahr wurden die meisten Gebäude erheblich beschädigt, die Reste später abgetragen, und mit dem Bau der Mauer 1961 wurde der Platz zum militärischen Sperrgebiet.

Die neue Bebauung knüpft an alte Zeiten und den Klassizismus des 19. Jh. an. International bekannte Architekten mussten sich dabei den strengen Vorgaben fügen, wie Sie am

---

MAX LIEBERMANN

Der Maler wohnte am Pariser Platz 7 und beobachtete am 30. Januar 1933 die Fackelzüge der SA durch das Brandenburger Tor zur Feier der Ernennung Hitlers zum Reichskanzler. »Ick kann jar nich soville fressen, wie ick kotzen möchte«, kommentierte der 85-Jährige.

Haus Sommer und am Haus Liebermann (nach den früheren Besitzern benannt) links und rechts neben dem Brandenburger Tor sehen, vom Berliner Architekten Josef Paul Kleihues spiegelbildlich entworfen. Nebenan, am Pariser Platz 2, befindet sich seit dem amerikanischen Unabhängigkeitstag 2008 die neue US-Botschaft.

Neue alte Bauvorschriften

Mit heller Kalksandsteinfassade nimmt das Gebäude Pariser Platz 3, ein Bankhaus, Bezug zum Brandenburger Tor. Auf offensichtlich abenteuerliche Art hat sich nur der Architekt der Akademie der Künste am Pariser Platz 4, Günter Behnisch, den Bauvorgaben, den Steinfassaden und Fenstergrößen festlegten, widersetzt. Sein Bau soll Geschichte wach halten. Eine Glasfassade macht Reste der Vorgängerbauten sichtbar. Man sieht Wände stürzen und schräge Stege, in der Wand Spuren einer Treppe. Die Ausstellungsräume sind außer Montag täglich geöffnet.

Die Französische Botschaft gegenüber in Nr. 5, auf der Nordseite des Platzes, erinnert mit dem hohen Sockel und den Schießscharten ähnlichen Fenstern an eine Festung (Architekt: Christian de Portzamparc). Der Grundstein zu diesem Bau

---

BAUREGELN

Friedrich II. befahl, die teils zweistöckigen Bürgerhäuser seiner Vorgänger abzureißen, und erließ das Lindenstatut, nach dem die Häuser eine Traufhöhe von 22 m und mindestens vier Geschosse haben mussten. Das Statut gilt bis heute.

---

wurde am Nationalfeiertag, dem 14. Juli 1998, am alten Standort von 1860 gelegt. Wer das Gebäude aber von der Wilhelmstraße betritt, wechselt von einer lauten, verkehrsreichen Straße in leise Innenhofgärten mit prächtigen, verwunschenen Skulpturen.

Ein bronzenes Pferd sehen Sie durch die Tür im Atrium der Bank, Pariser Platz 6, nach den Plänen des Hamburger Architekturbüros Gerkan, Marg & Partner gebaut. Das Trojanische Pferd des Bologneser Künstlers Mimmo Paladino hebt die Strenge der Fassade auf.

Gehen Sie zunächst die Südseite der Linden entlang. Als erster Neubau nach der Wiedervereinigung wurde 1997 das elegante Hotel Adlon mit der Adresse Unter den Linden 75–77 gefeiert. Der Bauherr kam ebenso vom Rhein wie schon der Tischlermeister und Schausteller Lorenz Adlon, der das im Krieg zerstörte Original des Luxushotels 90 Jahre zuvor hatte errichten lassen.

Zur Eröffnung 1907 hatte der Kaiser darauf bestanden, als Erster den »Tempel der Lüste« zu betreten. Illustre Namen füllten die Gästebücher, unter ihnen Charlie Chaplin, John Rockefeller, Enrico Caruso, Gustav Stresemann und Thomas Mann. Auch für den Neubau hatte sich Berlin stilistisch Historismus wie beim Bau der Gründerjahre ausbedungen. Aber die festgelegte Traufhöhe hielt dem Investorendruck beim Neubau nicht stand. Die lang anhaltende Diskussion über Tradition und Geschmack war eröffnet.

Eine Straße ohne Linden

Welche Überraschung: keine Linden Unter den Linden, 54 schon im

Frühjahr 2012 abgeholzt für den U-Bahn-Bau zum Rathaus. Beim Bummel über die 1,4 km lange und 60 m breite Straße fällt bald auf, dass hier kaum jemand wohnt. Das war jedoch nicht immer so. Erst Mitte des 17. Jh. wurde das sumpfige Gelände am Ufer der Spree trockengelegt, und von der »Hundebrücke« – heute Schloßbrücke –, an der man die Hunde zur Jagd sammelte, bis zum Tiergarten wurden Nuss- und Lindenbäume gepflanzt.

Zeitgenössische Zeichnungen zeigen auf der Nordseite der Linden um 1700 eine fast durchgehende Bebauung und auf der Südseite einzelne Häuser. Erst mit der Schinkel-Ära verschwanden die Wohnhäuser, mit Um- und Neubauten änderte sich die Straße zum Boulevard der Geschäftshäuser und Verwaltungen und schließlich der Banken, Ministerien, Hotels, Cafés und Handelshäuser. In der Weimarer Republik zog sich die staatliche Repräsentanz auf das westliche Ende der Linden und um den Reichstag im Tiergarten zurück, das östliche Ende der Linden wurde zum Museums- und Wissenschaftsbereich.

Glanz von gestern

Das **Bürohaus** mit den Hausnummern 69d–73 aus den 1960er-Jahren an der Ecke Wilhelmstraße wurde 1994 als erster Bau für den Bundestag in Berlin umgebaut und mit einer neuen Fassade versehen. Im nebenstehenden Palais war ab 1928 das Preußische Kultusministerium untergebracht. Im Haus Nr. 67 wohnten von 1823 bis 1836 Karl Friedrich Schinkel und seine Familie.

Am Gebäudekomplex der **Russischen Botschaft** Nr. 55–65, an dem Wachposten stehen, deutet nichts außer dem polierten Messingschild auf die glanzvollen Zeiten hin, die das Haus der russischen Diplomaten erlebt hat. Das sogenannte **Kurländische Palais** am selben Ort gehörte der Schwester Friedrichs des Großen, Amalie von Preußen, bevor es 1837 für den Gesandten Russlands gekauft und die größte diplomatische Vertretung in Berlin wurde. Mit seinem berühmten Rokokosaal war es der Treffpunkt des aristokratischen Berlin, und als ab 1918 die Diplomaten Sowjetrusslands darin residierten, blieb es ein Bezugspunkt

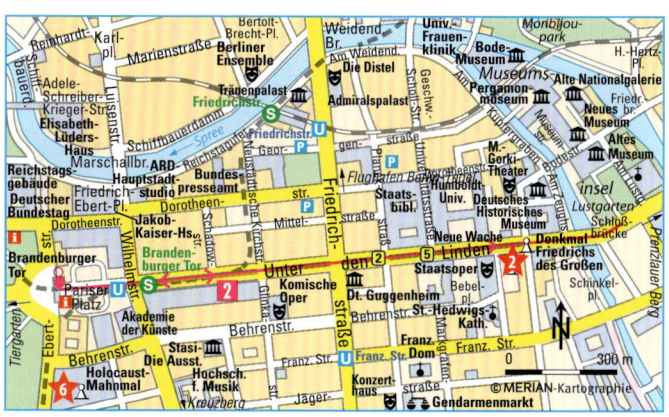

Besucher der Komischen Oper (▶ S. 26), der kleinsten der drei Berliner Staats-
opern, dürfen sich auf zeitgemäßes und lebendiges Musiktheater freuen.

der Gesellschaft. Das Palais wurde
im Krieg zerstört, aber 1948 entstand
ein Neubau im Stil sowjetischer
Staatsarchitektur, wie Sie ihn heute
noch sehen. Nur die Lenin-Büste ist
1994 verschwunden.

Das **Aeroflot-Gebäude** nebenan
(Nr. 51–53), heute noch mit den
Symbolen Hammer und Sichel geschmückt, ist 1968 für die Handels-
vertretung der UdSSR an der Stelle
des einstigen berühmten Bankhau-
ses Bleichröder gebaut worden. Besucher schwärmten von üppigen
Festen im luxuriösen Haus.

Die Glinkastraße gibt es erst seit
1968, und so fehlen einige Hausnummern. Funktionsräume für die
Komische Oper sind 1966 in einem
187 m langen Block auf der Rückseite des Opernhauses entstanden.
Die schlichte Außenfassade täuscht:
Foyer und Wandelhalle sind modern, der klassizistische Innenraum,
kaum zerstört, ist erhalten geblieben.

STORM IN BERLIN

Theodor Fontane berichtet vom pein-
lichen Besuch Theodor Storms, der
unbedingt mit ihm ins elegante Café
Kranzler wollte, aber in welchem Aufzug: »Leinerne Beinkleider und
Weste, grünes Röckchen, Reisehut
und Schal ... mit zwei Strippen vorn,
an jeder ein Puschel.«

Schuss auf den Kaiser

An einem Junitag 1878 schoss der
Ingenieur Dr. Karl Nobiling vom
Fenster des ersten Stocks im damaligen Haus Nr. 18 auf die Kalesche
Kaiser Wilhelms I. Er traf, der Kaiser
wurde schwer verletzt, und der At-
tentäter erschoss sich daraufhin
selbst. Bismarck soll diesen Anlass
zur Verkündung seiner Sozialisten-

Als mondän galten die Cafés Kranzler (► S. 26) und Bauer. In den Salons der ersten Etage – heute kaum mehr vorstellbar – durfte sogar geraucht werden.

gesetze genutzt haben. Um 1900 stand hier unter anderem das Hotel Westminster, und mit Kaiser-Galerie und Kleiner Linden-Galerie waren zwei Durchgänge zur Behrenstraße geschaffen worden.

Vom Salon zum Porzellan-Haus

Neben dem Geschäft, das seit 1960 im Erdgeschoss des Apartmenthauses Nr. 39 Meissener Porzellan anbietet, stand 150 Jahre lang das Palais Raczynski aus dem 18. Jh. Von 1835 bis 1844 empfing Bettina von Arnim hier in einem der legendären Berliner Salons Geistesgrößen wie Alexander von Humboldt. 1849 war das Palais die Berliner Adresse des Grafen Dönhoff, der einer der prominentesten preußischen Adelsfamilien entstammte. Später zog das Residenz-Café ein, 1903 folgte das Nachtlokal Linden-Casino und

schließlich das Kino Union-Theater. Im Hotel Zur Sonne auf dem Nachbargrundstück hat Dichterfürst Johann Wolfgang von Goethe vom 15. bis zum 20. Mai 1779 bei seinem einzigen Berlinbesuch genächtigt. Sein Kollege Friedrich Schiller wohnte einige Tage im Mai 1804 im später zum Hotel de Russie umbenannten Haus.

Die **Ecke Friedrichstraße**, wo ein Geschäft der Königlichen Porzellan-Manufaktur (KPM) das Untergeschoss des **Grand-Hotels** schmückte, war bis zu ihrer Zerstörung im Zweiten Weltkrieg eine der berühmtesten Ecken Berlins. 1804 war aus Wien der Zuckerbäcker Johann Georg Kranzler gekommen und hatte hier eine Konditorei eröffnet. In dem von August Stüler 1834 umgebauten Haus war die erhöhte »Rampe«, eine schmale Terrasse vor dem Haus, der beliebte Logenplatz. Eine attraktive

Gegend war es schon vorher gewesen: Wilhelm von Humboldt und
seine Frau Caroline von Dacheröden
hatten 1809 hier ihre Stadtwohnung.
Auf demselben Grundstück stand
schon seit 1798 die berühmte Wein-
handlung der Gebrüder Habel,
Hoflieferanten und Königliche Kel-
lermeister sowie Wirte eines angese-
henen Weinlokals.

Unter den Linden 17, an der Ecke
Charlottenstraße, nächtigte Theodor Storm 1852 in Meinhardts Hotel.
In der Häuserzeile 13–15 residierte
vor dem Krieg die Deutsche Bank.
Sie hat den Gebäudekomplex 1990
zurückgekauft und zeigte seit 1997
in der Deutschen Guggenheim Berlin, heute Deutsche Bank Kunsthalle,
Wechselausstellungen zeitgenössi-
scher Kunst. Am Haus Unter den
Linden 11 lohnt sich wieder ein Blick
nach oben. Hier ist alles nur Fassade.
Balkon, Wappen und Säulen wurden
um 1960 vom abgerissenen Gouver-
neurshaus nahe des Roten Rathauses
vor das **Niederländische Palais** ver-
setzt – so genannt, weil es ab 1815
dem König der Niederlande gehörte.
In dem 1753 errichteten Haus traf
König Friedrich Wilhelm II. seine
Geliebte Wilhelmine Enke, die später zur Gräfin von Lichtenau geadelt
wurde. Im 1680 errichteten Alten
Palais, Nr. 9 an der Ecke Bebelplatz,
damals Opernplatz, zeigte sich Kai-

ser Wilhelm I. täglich Punkt 12 Uhr
während der Wachablösung an der
gegenüberliegenden Neuen Wache
im Eckfenster und erwiderte höflich
jeden Gruß. Das war eine wahrhaft
touristische Attraktion und als
solche damals schon im Baedeker
vermerkt. Hier, im Schlafzimmer
zum Innenhof hin, starb Wilhelm I.
am 9. März 1888, kurz vor seinem
91. Geburtstag.

Mit dem **Denkmal Friedrichs des
Großen** ⭐ in der Straßenmitte wird
das von Georg Wenzeslaus von Knobelsdorff geplante **Forum Fridericianum** eröffnet.

Forum Fridericianum

Einen Ort der Aufklärung hatte sich
schon der junge König in ange-
messener Entfernung vom Schloss
gewünscht, ein Ensemble, das Wissenschaften, Künste und Monarchie
vereint. Das »Zauberschloss«, die
Oper, entstand ab 1741 am späteren
Platz am Opernhaus nach Plänen
des Architekten Georg Wenzeslaus
von Knobelsdorff. Bis 2018 wird die
Staatsoper Unter den Linden saniert. Auch wenn Königliche Bibliothek, Hedwigskirche und Prinz-
Heinrich-Palais gebaut wurden,
blieb das Ensemble doch ein Fragment, und der Grundstein für das
Friedrich-Denkmal, mit dessen Entwürfen praktisch alle bedeutenden
Künstler beschäftigt waren, wurde
nach einem Modell Christian Daniel
Rauchs erst 100 Jahre nach Friedrichs Thronbesteigung gelegt und im
Mai 1851 feierlich enthüllt. Sie sehen
den König im Krönungsmantel auf
seinem Lieblingspferd Condé. 150
Personen begleiten Seine Majestät in
Bronze: vier Reiter an den Ecken,
u. a. die Generäle Friedrich Wilhelm

von Seydlitz und Hans Joachim von Ziethen. Lebensgroß an den Seiten, teilweise nur im Relief, des Königs hervorragendste Generäle, unterm Pferdeschwanz Gelehrte und Künstler – was der kö-niglichen Wertschätzung durchaus entsprochen haben soll.

Die verlorenen Bücher

Am **Bebelplatz**, unter dem sich neuerdings ein Parkhaus verbirgt, fällt der »Kommode« genannte Barockbau der **Alten Bibliothek** aus der Rolle, nach Plänen Georg Christian Ungers und Georg Friedrich Boumanns von 1775 bis 1780 erbaut, auf Weisung des Königs unter Rückgriff auf einen etwa 50 Jahre alten Plan Fischer von Erlachs für die Wiener Hofburg. Nur die Fassade entspricht noch dem historischen Vorbild, das Haus gehört heute zur Humboldt-Universität. In der Mitte des Platzes

unter einer Glasplatte liegt eine **leere Bibliothek der verlorenen Bücher**, vom israelischen Künstler Micha Ullmann 1994 geschaffen zur Erinnerung an die Bücherverbrennung der Nationalsozialisten vom 10. Mai 1933. Erich Kästner: »Ich stand vor der Universität, eingekeilt zwischen Studenten in SA-Uniformen, den Blüten der Nation, sah unsere Bücher in die schmutzigen Flammen fliegen … Begräbniswetter über der Stadt.«

An der Platzfront neben der Hedwigs-Kathedrale steht dort, wo bis zum Krieg das Haupthaus der Dresdner Bank in Berlin war, das **Grand Hotel de Rome**. Die katholische **Hedwigs-Kathedrale**, von Knobelsdorff entworfen und 1773 geweiht, Sitz des katholischen Bischofs von Berlin, ist nach der schlesischen Nationalheiligen benannt und erinnert mit ihrer Kuppel ent-

Die leere Bibliothek der verlorenen Bücher (▶ S. 29) auf dem Bebelplatz will die Erinnerung an die Bücherverbrennung im Mai 1933 wach halten.

Die Schloßbrücke (▶ S. 31), von Karl Friedrich Schinkel 1821–1824 erbaut, verbindet das östliche Ende der Prachtstraße Unter den Linden mit dem Schloßplatz.

fernt an das Pantheon in Rom. Friedrich wollte den Katholiken nach dem Siebenjährigen Krieg seine Toleranz beweisen. Die bei einem Bombenangriff beschädigte Kirche ist von 1952 bis 1963 wieder aufgebaut worden. Friedrich II. bestand 1742 auf der Eröffnung des von Knobelsdorff entworfenen Opernhauses, obwohl es noch nicht ganz fertig war. Viele empfinden die Staatsoper als das gelungenste Haus Unter den Linden. Es war mit modernster Technik ausgestattet, galt doch die Oper als Vollendung der Kunst. Gespielt wurde nur im Winter, zweimal die Woche. Das im Zweiten Weltkrieg zerstörte Haus wurde 1987 vollständig rekonstruiert (und wird seit 2010 umfangreich saniert). 1962/63 wiederaufgebaut wurde auch das **Prinzessinnenpalais**, in dem das **Operncafé** mit üppigen Kuchenplatten Naschkatzen verführte. Noch vor

der Freiluftsaison 2012 geschlossen, wird es zum repräsentativen Firmensitz umgebaut.

Im **Kronprinzenpalais**, Unter den Linden 3, schlief 1971 Staatssekretär Egon Bahr, Bonns Verhandlungsführer während der Unterredungen zum Verkehrsvertrag zwischen der Bundesrepublik und der DDR, und empörte damit die Opposition. Der Kronprinzen Stadtadresse (1773–1840) wurde nach 1968 wieder aufgebaut. Hier unterzeichneten 1990 auch Bundesinnenminister Wolfgang Schäuble und DDR-Staatssekretär Günther Krause den Beitrittsvertrag zur Bundesrepublik Deutschland. Der Schinkelplatz gibt noch den Blick frei auf die Friedrichwerdersche Kirche. Das Schinkelmuseum ist wegen naher Neubauten einsturzgefährdet und geschlossen. Die prominente Nr. 1 ist seit 2003 mit einer Replik der **Kommandan-**

tur, die seit 1799 Dienstsitz des jeweiligen Stadtkommandanten war, wieder bebaut. An der **Schloßbrücke** von Schinkel, der schönsten Brücke der Stadt, von den Berlinern »Puppenbrücke« genannt, endet die Straße Unter den Linden. Ihren einstigen repräsentativen Beginn, das Stadtschloss der Hohenzollern, gibt es nicht mehr, den Palast der Republik ebenfalls nicht. Aber längst wächst ein neues Schloss als Humboldt Forum für die außereuropäischen Museen am Spreeufer. Es ist als einzigartiges Zentrum für Kunst, Kultur, Wissenschaft und Bildung mit internationaler Ausstrahlung konzipiert. Der Bau verläuft planmäßig, sodass mit Eröffnung 2019/20 zu rechnen ist.

Heinrich Heines Blick zu den Linden

Wir überqueren die Straße an ihrem östlichen Ende und befinden uns auf der Nordseite. Heinrich Heine sagte an dieser Stelle: »Ich kenne keinen imposanteren Anblick, als vor der Hundebrücke stehend nach den Linden zu sehen.« Sie haben nun das älteste der heute noch existierenden Gebäude Unter den Linden vor sich, das Haus Nr. 2, das dem Schlossbereich zugerechnet wurde. Das **Zeughaus**, als Waffenkammer zwischen 1695 und 1706 errichtet – die Planer Blondel und Nehring starben früh, und Andreas Schlüter realisierte die Ideen seiner Vorgänger –, hatte schon im 19. Jh. seine Bedeutung verloren und war praktisch zu einem Museum geworden. Nur während der Revolution 1848 wurde die Waffenkammer noch einmal gestürmt. Schlüter war gleichzeitig mit den Arbeiten am Schloss beschäftigt, und so gehören die Skulpturen, die das klassisch strenge Bauwerk ergänzen, zu seinem Hauptbeitrag. Sehen Sie hinauf zum Giebel über dem Hauptportal, wo Mars und Minerva lagern, umgeben von gefesselten Besiegten. Das vergoldete Medaillon darunter stellt König Friedrich I. dar. Am Eingang selbst stehen die Rechenkunst, die Geometrie, die Mechanik und die Feuerwerkskunst, Sandsteinfiguren von Guillaume Hulot. Schlüters Meisterwerk allerdings finden Sie im inzwischen überdachten Ehrenhof: **22 Masken sterbender Krieger** an den Schlusssteinen der Bogenfenster. Einen interessanten Kontrast dazu bildet der moderne Museumsanbau. Das Museum im Zeughaus beherbergt manche Rarität: das Feldbett Friedrichs des Großen, Napoleons Hut, Adenauers Wahlplakat »Keine Experimente« oder die Plastikstühle, auf denen Journalisten am 9. November 1989 vom Fall der Mauer erfuhren.

Die **Neue Wache**, seit 1993 Zentrale Gedenkstätte für die Opfer von Krieg und Gewaltherrschaft, steht dort, wo eine Kanonenwache den Festungsgraben vor dem Schloss schützen sollte, und war 1816 der erste öffentliche Auftrag für den preußischen Architekten Karl Friedrich Schinkel. Der setzte ein Tempel-

PLUNDER

Im Dezember 1950 sanken die verbliebenen Reste des 1945 zerstörten Berliner Stadtschlosses in sich zusammen. DDR-Ministerpräsident Otto Grotewohl hatte den »Plunder der Geschichte« mit 13 000 kg Sprengstoff beseitigen lassen.

chen mit dorischen Säulen in ein Kastanienwäldchen. Zwischen 1951 und 1957 rekonstruiert, wurde die Wache ab 1962 zum Publikumsmagneten, wenn sich die DDR-Wachsoldaten in preußischem Stechschritt am Mahnmal für die Opfer von Faschismus und Militarismus ablösten. 1969 bekam die Wache einen Kristallwürfel mit Ewiger Flamme und unter zwei Bronzeplatten Grüfte mit der Erde von Schlachtfeldern und Konzentrationslagern. Wenn Sie das schmucklose Innere der Wache betreten, stehen Sie vor der auf das Vierfache vergrößerten Käthe-Kollwitz-Skulptur »Mutter mit totem Sohn«.

Stätten der Bildung

Vor dem nächsten Gebäudekomplex, der **Humboldt-Universität** (Unter den Linden 6), empfängt Sie Alexander von Humboldt, hinter Haupteingang und Bouquinisten überwacht sein Bruder Wilhelm das

---

ATTENTAT

Ein werbewirksames Attentat übte ein Kreuzberger bei der Eröffnung von Madame Tussauds Wachsfigurenkabinett Unter den Linden 74 im Juli 2008 aus: Er riss der Hitler-Figur den Kopf ab. Nun ist sie – repariert – hinter Glas geschützt.

Forum Fridericianum. Das Palais wurde von 1748 bis 1765 ursprünglich für Prinz Heinrich, den Bruder Friedrichs II., von Johann Boumann erbaut. Da er das Gebäude kaum nutzte, schlug Wilhelm von Humboldt vor, es zur Universität zu machen, wie es 1810 auch geschah. Erster Rektor wurde Johann Gottlieb Fichte. Die Friedrich-Wilhelm-Universität, 1946 in Humboldt-Universität umbenannt, kann auf 29 Nobelpreisträger verweisen, unter ihnen Albert Einstein (Physik), Otto Hahn (Chemie), Robert Koch (Medizin) und Theodor Mommsen (Literatur). Karl Marx studierte hier von 1836 bis 1841. Im Oktober 2006, mit 56 Jahren Verspätung, wurde im Ehrenhof ein Max-Planck-Denkmal aufgestellt. Die Bronzestatue des Begründers der Quantentheorie hatte seit 1950 eine wahre Odyssee hinter sich, vermutlich weil der Bildhauer Bernhard Heiliger in den Westen gegangen war. Jetzt passieren Sie einen Gebäudekomplex, der mit 170 x 106 m die ganze Breite zwischen Universitäts- und Charlottenstraße einnimmt, die **Staatsbibliothek** (Nr. 8), von 1904 bis 1914 nach Plänen des Hofbaumeisters Ernst Eberhard von Ihne auf dem Areal des ehemaligen kurfürstlichen Pferdestalls errichtet. Kurfürst Friedrich III. hatte den klobigen Marstall aufstocken und Säle einrichten lassen, die er 1696 der Akademie der Künste und 1700 der Akademie der Wissenschaften zuwies. 1807 und 1808 hat Fichte im Roten Saal seine legendären Reden an die Nation gehalten.

Hotels und Büros

Das Eckhaus Unter den Linden 10/ Charlottenstraße, seit 2006 als **Palazzo Italia** Schaufenster italienischer Wirtschaft, jetzt Ferrari, war 1775 das Hotel Ville de Rome und ab 1876 Grand Hotel, bis zum Bau des Adlon das beste am Platze – und hier stand das erste Telefon an einem Hotelbett. Wo bis 2006 das Hotel Unter den Linden stand, ist an der Ecke Fried-

Unweit von Reichstag und Brandenburger Tor versteht sich das Café Einstein
(▶ S. 33, 34) als ein illustrer Treffpunkt von Wirtschaft, Politik, Medien und Kultur.

richstraße mit »Upper Eastside« eine
Ladenzeile entstanden. Früher gab es
hier das Victoria-Café, daneben Ar-
mins Festsäle, in denen Max Reinhardt 1901 sein Kabarett Schall und
Rauch gründete, das spätere Kleine
Theater. Die Nummerierung springt
hier auf Nr. 24 an der Westseite der
Friedrichstraße, zum 1936 errichteten **Haus der Schweiz**. Schauen Sie
hinauf, ein Tell-Denkmal blickt über
die Kreuzung.

Die folgenden Gebäude sind heute
Bürohäuser. Die Einförmigkeit der
Straße hier verrät nichts mehr von
ihrer Vergangenheit als Wohnstraße.
Jedenfalls haben die Mieter zu Beginn
des 19. Jh. häufig gewechselt, denn die
Wohnungen sollen sehr teuer gewesen
sein. Der **Zollernhof** jedoch (Nr. 36–
38) wurde 1911 als erstes reines Bürohaus gebaut und 1915 zum 500. Jahrestag des Einzugs der Hohenzollern
in die Mark benannt. Seit Februar

2000 hat das Zweite Deutsche Fernsehen hier sein Hauptstadtstudio und
auch seine Büroräume. Den Palast
nebenan, Haus Nr. 40, der den Krieg
fast komplett unbeschädigt überstanden hatte, haben die Franzosen nach
der Anerkennung der DDR als Botschaft genutzt. Das Gebäude über dem
Café Einstein an der Ecke Neustädti-
sche Kirchstraße füllen wieder Büros,
ebenso die Nr. 44–60. Jenseits der
Schadowstraße (Nr. 62–68) gab es von
1869 bis 1910 das Berliner Aquarium,
dessen erster Direktor Alfred Brehm
(1829–1884) hieß. Es war das größte
Aquarium der Welt, und »Brehms
Tierleben« wurde berühmt.

Die neue Botschaft Polens passt sich
der zeitgenössischen Architektur an.
Jenseits der Wilhelmstraße entstand
der Neubau der Ungarischen Botschaft. Hier endet die Straße Unter den
Linden. Mehrere Baustellen beein-
trächtigen Autofahrer und Fußgänger.

MUSEEN

Deutsches Historisches Museum ▶ S. 140, B 12
Deutsche Geschichte in Bildern und Zeugnissen aus zwei Jahrtausenden ist hier ausgestellt und kann an Multimedia-Stationen vertieft werden.
Unter den Linden 2 • www.dhm.de • tgl. 10–18 Uhr • Eintritt 8 €, erm. 4 €, Kinder und Jugendliche bis 18 Jahre frei

Humboldt-Box ▶ S. 140, B 12
Neben der Schlossfassade zeigt schon eine Humboldt-Forum genannte Sammlung von außereuropäischen Museen, Stadtbibliothek und Universität Einzelheiten. Im Informationszentrum gibt es Museumsstücke, Souvenirshop, Aussichtsterrasse, Restaurant und Café.
Schloßplatz 5 • www.humboldt-box.com • April–Nov. tgl. 10–19, sonst bis 18 Uhr • Eintritt frei

Zeughauskino ▶ S. 140, A 12
Das Zeughauskino des Deutschen Historischen Museums präsentiert Filmreihen aus der gesamten Filmgeschichte, bevorzugt Filme, Genres und Perioden, die wenig oder nicht bekannt sind. Es gibt Raritäten aus den Archiven der Welt, die in Deutschland nur sehr selten oder noch gar nicht zu sehen waren, in der Originalfassung. Der Kinosaal bietet 166 Zuschauern Platz.
Unter den Linden 2, Eingang an der Spreeseite • www.dhm.de/zeughauskino/ • Eintritt 5 €

ESSEN UND TRINKEN

Café Einstein ▶ S. 140, A 12
Die Politprominenz schiebt sich gleich durch die überfüllten Reihen in den hinteren Raum. Denn nur am frühen Morgen, wenn die Touristen noch schlafen, ist man beim Frühstückskaffee unter sich. Es gibt Einspänner wie Kleinen Braunen, Wiener Schnitzel und Kaiserschmarrn – wenn Platz ist.
Unter den Linden 42 • Tel. 2 04 36 32 • www.einsteinudl.com • tgl. 7–22 Uhr • €€€

Adlon ▶ S. 139, E 8
Tea Time am Brandenburger Tor beginnt auf Empfehlung der Teemeisterin Kerstin Reiner mit süßen Häppchen und Früchtetee. Herzhaftes wird mit Schwarztee kombiniert, und dann soll der Gast mit Süßem abschließen.
Unter den Linden 77 • www.hotel-adlon.de • tgl. 14–18 Uhr • €€€

EINKAUFEN

Kunstmarkt ▶ S. 140, A 12
Am Wochenende gibt es immer einen Kunstmarkt am Zeughaus, der sich als Flohmarkt zum Kupfergraben fortsetzt.
Am Zeughaus • www.kunstmarkt-berlin.com • 11–17 Uhr

DIE FARBEN DER WELT
live! ERLEBEN.

MERIAN *live!*

KUBA

Mehr entdecken mit MERIAN TopTen 360°
FotoTipps für die schönsten Urlaubsmotive
Ideen für abwechslungsreiches Reisen mit Kindern

ABU DHABI

COSTA RICA

DUBAI
EMIRATE OMAN

SRI LANKA

SÜDAFRIKA

Von Abu Dhabi bis Zypern: **MERIAN** *live!* bringt
Ihnen mit über 150 Ausgaben die schönsten
und spannendsten Reiseziele der ganzen Welt
näher, die wichtigsten Sehenswürdigkeiten,
topaktuelle Adressen und außergewöhnliche
Empfehlungen.

MERIAN
Die Lust am Reisen

Neue Mitte: Scheunenviertel
Rege Künstlerszene in Berlin-Mitte

Im Scheunenviertel suchen Berlinbesucher »das neue Berlin«, das sich überraschend und launig gibt: Künstler, Bars und neue Clubs in maroden Kellern. Das ehemals arme Scheunenviertel aber lag nur am Rand der Spandauer Vorstadt, wie das Gebiet wirklich heißt. Lebendig und dicht bewohnt war das jüdische Viertel damals auch schon. Marode ist hier allerdings nichts mehr.

◄ Unter ihrem Intendanten Frank Castorf machte die Volksbühne (► S.37) seit 1992 immer wieder Schlagzeilen.

► S.37

START	U-Bahn: Rosa-Luxemburg-Platz
ENDE	Rosenstraße, U-Bahn: Alexanderplatz oder S-Bahn: Hackescher Markt
DAUER	2,5 Stunden

Wenn Sie den U-Bahnhof **Rosa-Luxemburg-Platz** in Richtung Weydingerstraße verlassen, stehen Sie vor der **Volksbühne**, dem lange wohl lebendigsten und interessantesten Theater der Hauptstadt, das – 1992–2017 unter Leitung von Frank Castorf – von sich sagen kann, dass es ihm mit seinem Repertoire gelang, Jung und Alt aus Ost und West zu versammeln. Mit den avantgardistisch politischen Inszenierungen Erwin Piscators war die Volksbühne schon eines der innovativsten Theater der Zwischenkriegszeit. Im Jahr 1913, als der Architekt Oskar Kaufmann der sozialdemokratischen Volksbühnenbewegung diese Trutzburg – damals Berlins größtes und modernstes Theater – baute, lag sie am Bülowplatz.

Scheunenviertel/ Rosa-Luxemburg-Platz

Die Nazis nannten den Bülowplatz Horst-Wessel-Platz und machten ihn zur Aufmarschfläche. Erst seit 2004 wurde das wild bewachsene Dreieck zwischen Rosa-Luxemburg-Straße und Weydingerstraße als Grünfläche gestaltet. Sie befinden sich hier im Scheunenviertel, das um 1900 zum größten Teil abgerissen und in den darauf folgenden 20er-Jahren neu aufgebaut wurde.

Im **Kino Babylon**, 1927 vom Architekten Hans Poelzig geplant, einem der letzten großen Berliner Kinos aus der Stummfilmzeit und noch immer eines der schönsten, traf sich ab 1933 eine antifaschistische Widerstandsgruppe im Vorführraum über dem Foyer, vom Filmvorführer Rudolf Lunau organisiert. Lunau wurde verraten, ins Strafbataillon 999 gebracht und seit 1943 »vermisst«. Das Babylon war nach dem Krieg Uraufführungskino der Defa, der Ost-Nachfolgerin der Ufa, verfiel jedoch und musste schließlich 1993 wegen Baufälligkeit geschlossen werden. 1999 wurde es saniert und zum Filmkunsthaus. Es gibt Off-Kino-Premieren und Festivals und eine Kinoorgel, die sogar Meeresrauschen imitieren kann.

Nur bis zur Rosenthaler Straße im Westen erstreckte sich das **Scheu-**

MORD AM BÜLOW-PLATZ

Am 9. August 1931 fielen erst Schüsse und dann »Totenkopf« und »Schweinebacke« tot um. So nannte man die beiden vor der KPD-Zentrale in der Weydingerstraße erschossenen Polizisten Lenk und Anlauf. Als Schütze und Mörder angeklagt wurde Erich Mielke, der spätere Stasi-Chef.

nenviertel zwischen Linien- und Münzstraße, bis die Scheunen Berliner Bürger nach einer Feuerverordnung aus dem Jahr 1672 hinter die Stadtmauer verlegt wurden. An der **Torstraße** im Norden verlief um 1870 die Stadtmauer zwischen dem Prenzlauer und dem Schönhauser Tor. Nach Wilhelm Pieck, dem ersten und langjährigen Präsidenten

MULACK-RITZE

Es gibt die »Mulack-Ritze« immer noch, und zwar im Gründerzeitmuseum, das Charlotte von Mahlsdorf gegründet hat. Dort ist die alte Gaststube von 1890 mit Theke, Büffet, Hungerturm, Grammophon und Gläsern aufgebaut. Zu finden auf dem Hultschiner Damm 333, Besuch mit Führung Mi und So 10–18 Uhr.

der DDR, war die Torstraße benannt, bis sie nach der Wende wieder ihren alten Namen erhielt.

Dieses Viertel behielt den Namen, der gleichbedeutend mit Armut war, diente als billige Wohngegend für Tagelöhner, Dienstboten, Ackerbürger und Handwerker, die im 19. Jh. Industriearbeiter wurden. Viele Ostjuden auf der Flucht vor Kriegen und Pogromen strandeten hier und lebten ihr eigenes Leben.

Joseph Roth hat die Gegend beschrieben: »… kein Schtetl, nur freudlos graue Straßen«. Und heute?

Das Schmuddelviertel ist schön geworden

Überqueren Sie vor der Volksbühne die Rosa-Luxemburg-Straße, um dann gleich links in die Almstadtstraße einzubiegen – wie Hirtenstraße, Mulack- und Steinstraße noch zu Beginn des vorigen Jahrhunderts von sehr schlechtem Ruf. Sie gehen durch eine fast baumlose Straße mit eleganten Neubauten und unterschiedlich hohen Häusern. Als sie im 18. Jh. zwischen Vorstadt und Ackerland angelegt wurde, standen hier auch Kasernen, und die Straße hieß Grenadierstraße. Einige Kneipen gab es, man sagte Spelunken, ei-

nen Polka-Keller und Kaffeeklappen, deren Gäste allesamt nicht zu den feinen Leuten zählten.

Eine Beschreibung Alfred Döblins macht die alte Straße lebendiger als der heutige Anblick: »Der Damm ist von Menschen besetzt; sie kommen und gehen aus den winkligen alten Häusern. Das ist ein ganz östliches Quartier, das gutturale Jiddisch dominiert. Das bewegt sich in unaufhörlicher Unruhe, blickt aus den Fenstern, ruft, bildet Gruppen, tuschelt in finsteren Hausfluren …«. Über einer jüdisch-orthodoxen Betstube diskutierten künftige Marxisten in der von Wilhelm Liebknecht gegründeten Arbeiterbildungsschule. Auf der Straße flanierten die Strichmädchen. Als die Straße 1951 in Almstadtstraße umbenannt wurde, war das jüdische Leben dort längst verschwunden.

Gestern noch im Zwielicht

Biegen Sie nach rechts in die schmale Schendelgasse, und überqueren Sie die lebhafte Alte Schönhauser Straße, dort beginnt die **Mulackstraße**. Keine Straße im Scheunenviertel war schlechter beleumundet, keine lockte Besucher nach der Wende mehr als sie, Inbegriff des pittoresken Slums und aller Scheunenviertelmythen. Von der legendären jahrhundertealten »Mulack-Ritze« hatte man gelesen, aber das kleine Haus auf dem Grundstück Nr. 15 mit der langen Geschichte war schon 1963 abgerissen worden. Vor Kaiser Wilhelms Zeiten war es bereits ein Treffpunkt für Transvestiten, Schwule und Lesben gewesen. Zille hatte seine Besucher gezeichnet und der jüdische Sexualforscher Magnus Hirschfeld die homosexuelle »Szenerie studiert«. Die Massary, die Waldoff und Brecht sollen hier eingekehrt sein. 1952 hatte das Bezirksamt den letzten Eigentümern die Lizenz entzogen. Das Quartier verfiel. Durch große Fenster der eleganten Galerien und schicken Modeläden in schönen neuen und sanierten Häusern können Sie heute bis in die grünen, baumbestandenen Höfe sehen. Ein paar Jahre war es still, und es dauerte, bis die Laufkundschaft den neuen Glanz und die Werkstätten der Designer, nur wenige Minuten abseits der Touristenströme von Oranienburger Straße und Hackeschem Markt, entdeckte. Arme Leute gibt es hier wohl nicht mehr.

Biegen Sie nun rechts in die **Gormannstraße**. An der Ecke lag das Obdachlosenasyl, von den Berlinern »Pennerheim« genannt, wo es eine Suppe und ein Bett für eine Nacht gab. Ab 1902 wurde in der Straße ein Zentraler Arbeitsnachweis, Vorläufer des Arbeitsamtes, eingerichtet. Hinter der Sporthalle fällt Ihnen bestimmt ein schwarz-gelb gestreiftes Haus auf, das Dunkelrestaurant mit der Unsicht-Bar, in dem Sie erfahren

können, wie Sie sich als Blinder beim öffentlichen Essen zurechtfinden würden – seit einigen Jahren eine Touristenattraktion.

Urbane Öde: Grenze zur westlichen Vorstadt

Folgen Sie nun der Gormannstraße nach links, an der **Rosenthaler Straße** endet das Scheunenviertel. Diese Straße trennte die gutbürgerliche westliche Vorstadt mit schönen Gärten und Kaffeehäusern von der Armengegend. Hier wohnten die bessergestellten Juden, die mit den armen Gestalten des Scheunenviertels nicht viel zu tun hatten. Zu sehr erinnerten sie an das karge Leben der Vorfahren. Ihnen bietet sich an dieser Ecke ein Anblick unglaublicher Öde und Leere. Können Sie sich vorstellen, dass in der Rosenthaler Straße vor nicht einmal 100 Jahren das Leben pulsierte, sich Läden, Fabriken, Tanzcafés und Werkstätten aneinanderreihten? Das im Krieg wenig zerstörte Viertel mit seinen engen Straßen und kleinteiliger Bebauung verfiel erst danach. 1990 wurde die Spandauer Vorstadt zum

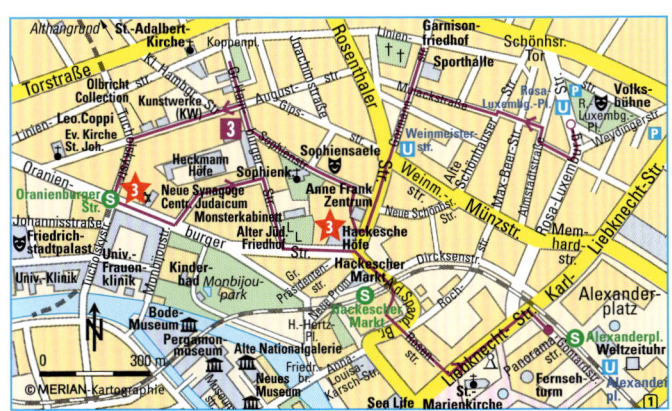

Seit mehr als 15 Jahren behauptet sich das Haus Schwarzenberg (▸ S. 40) am Hackeschen Markt erfolgreich als kleines und anders geartetes Kulturzentrum.

Flächendenkmal erklärt und von 1993 bis 2008 saniert. Überqueren Sie an der Gormannstraße die Rosenthaler Straße, um nach links zu den Hackeschen Höfen zu gelangen. Auf dem Weg dorthin erwartet Sie eine Sensation in diesem heute herausgeputzten Viertel um die Hackeschen Höfe – die Rosenthaler Str. 39, **Haus Schwarzenberg** ⭐ . Nur hier ist die alte Mitte noch wirklich oll und schmutzig und soll es auch bleiben. Nur hier lässt sich noch erahnen, wie bis zu den 1990er-Jahren fast das ganze Viertel aussah. Eine Gruppe von Künstlern hat das Haus dem Hochglanz der neuen Zeit entzogen. Galerien, Clubs und Ateliers im Haus Schwarzenberg sind Heimstätten für rund 100 Berliner Künstler. Im Hof, im linken Seitenflügel des verwinkelten Gebäudes, hatte der sehbehinderte Otto Weidt von 1939 bis 1945 eine **Blindenwerkstatt**, in der etwa 30 jüdische Angestellte bis 1943 Besen und Bürsten herstellten. Otto Weidt setzte sich mit Mut und Schläue für seine bedrohten Mitarbeiter ein, versteckte eine Familie in der Werkstatt. Da er die Produktion als »kriegswichtig« einstufen lassen konnte, gelang es ihm, seine zum Abtransport in die Vernichtungslager bestellte Belegschaft auf der Sammelstelle in der Großen Hamburger Straße wieder zur Arbeit zurückzuholen. Seit 2001 sind in zwei Räumen der Werkstatt in einer Dependance des Jüdischen Museums Kopien von Briefen und Ausweisen, alte Tische und Maschinen zu einer anrührenden Ausstellung vereint.

Die Hackeschen Höfe

1882 wurde der schöne S-Bahnhof **Hackescher Markt** entworfen, den Sie links sehen. Man stieg hier aus,

Jugendstil und Klinkerfassaden machen die Hackeschen Höfe (▸ MERIAN TopTen, S. 41) zu einer begehrten Adresse für Bewohner, Gewerbetreibende und Touristen.

wenn man zur Börse, die im Zweiten Weltkrieg zerstört wurde, ging. Bis vor wenigen Jahren erinnerte nur das **Kino Börse** an die Vergangenheit. Es spielte immer wieder den DDR-Kinoklassiker »Die Legende von Paul und Paula« (nach dem Roman des bekannten DDR-Autors Ulrich Plenzdorf). Jetzt sieht man hier nur noch Läden und Bürogebäude. Und gegenüber starten Spreeschiffe zur Rundfahrt.

Ortsunkundige fragen nach den **Hackeschen Höfen** 🟥 denn der Eingang ist tatsächlich nicht selbstverständlich zu erkennen. Der Fassadenschmuck wurde im Jahr 1961 abgeschlagen. Rosenthaler Str. 40/41 heißt die offizielle Adresse, an der sich acht Wohn- und Gewerbehöfe aneinanderreihen. Rechts am Eingang der Höfe erinnert eine Gedenktafel an Jakob van Hoddis, einen Lyriker, der 1909 hier mit anderen

Intellektuellen den expressionistischen Neuen Club – zur Überwindung der Enge des Kaiserreiches – gegründet hatte. Zu seinen bekanntesten Gedichten gehört »Weltende« (1911): »Dem Bürger fliegt vom spitzen Kopf der Hut./In allen Lüften hallt es wie Geschrei./Dachdecker stürzen ab und gehn entzwei./Und an den Küsten – liest man – steigt die Flut./Der Sturm ist da, die wilden Meere hupfen/An Land, um dicke Dämme zu zerdrücken./Die meisten Menschen haben

STILLE HELDEN

So heißt die Gedenkstätte in der Rosenthaler Str. 39, die an Menschen erinnert, die sich durch Zivilcourage während der Nazizeit auszeichneten – ca. 250 Deutsche, die verfolgte Juden versteckten (tgl. 10–20 Uhr).

einen Schnupfen./Die Eisenbahnen fallen von den Brücken.«

Der erste Hof lockt die Besucher mit schönen Jugendstilfassaden in Gold, Grün und Blau, nach historischem Vorbild restauriert, in das Ensemble. August Endell, zu Beginn des 20. Jh. mit der Dekoration beauftragt, setzte damit dem üblichen wilhelminischen Stuck seine Vorstellung von der »Schönheit der großen Stadt« entgegen, zog das Leben von der Straße hinein und zu Textil- und Schuhproduzenten, Kürschnern, Likörfabriken und Stempelmachern. Acht Höfe entstanden auf kleiner Grundfläche, verblüffend rentabel genutzt, und Platz für Wohnungen für das gehobene Kleinbürgertum gab es außerdem, geradezu luxuriös ausgestattet mit Parkettboden, Balkonen und Innentoiletten. Die feine Ausstattung der Restaurationssäle ist heute nur noch im linken Seitenflü-

gel in den Festsälen, jetzt ein Varieté, zu sehen. Von den 179 jüdischen Bewohnern im Jahr 1939 blieb keiner. Nach dem Krieg gab es eine Autowerkstatt und Lagerräume, die Pracht verfiel. Dann kam die Wende. Bis 1997 für 50 Millionen Euro behutsam und denkmalgerecht rekonstruiert, entspricht das neue Konzept aus Wohnen und Arbeiten und anfangs mit inhabergeführten Läden wieder dem der Gründerzeit. Die nagelneuen verspielten Rosenhöfe mit Ladenzeilen, Zugang von Hof III, wollen so gar nicht dazupassen. Gehen Sie geradeaus weiter.

Kunst der Gegenwart in der Sophienstraße

Wenn Sie die immer schlichter gestalteten Höfe durchstreift haben, gelangen Sie schließlich über den Hof VI auf die **Sophienstraße**, die im 18. Jh. nicht viel anders ausgese-

Bis 1867 stand am Rosenthaler Platz das gleichnamige Tor. Nach dessen Abriss wandelte sich der Platz zur Hauptverkehrsachse.

hen haben mag, aber Kirchhofsgasse hieß. In den Märzkämpfen 1848 waren hier drei Barrikaden aufgebaut. Fontane beschreibt, dass dazu Droschken und Wagen umgekippt wurden. Er selbst habe ein Gewehr aufgelesen und Pulver hineingeschüttet – aber nicht geschossen. Sie gehen nach links. Das Haus Nr. 18 auf der rechten Straßenseite hatte der 1844 gegründete Berliner Handwerkerverein ausgebaut. Achten Sie hier besonders auf den Terrakottaschmuck, auch den »Händedruck«, den es 1904 über der Einfahrt erhielt. Am 14. November 1918 traf sich der Spartakusbund in den Sälen im Hof, die bis zu 2000 Menschen fassen konnten. Einer der Redner vor dem voll besetzten Saal hieß Wilhelm Pieck und sollte in späteren Jahren Präsident der DDR werden. Als »Sophiensäle« haben sich die Räume längst vom Off-Theater zur Berliner Theaterinstitution entwickelt. Ambitionierte Avantgardisten wie die Choreografin Sasha Waltz hatten den Ort schon früh entdeckt. Auf der anderen Straßenseite ist der mit hohen Bäumen bestandene Sophienkirchhof eine Oase der Ruhe.

Sicher lag es am »historischen Ort«, dass gerade die Sophienstraße zum Stadtjubiläum 1987 herausgeputzt wurde. Von 1981 an wurden in einer Aktion namens »Handwerk & Tradition« die Fassaden erneuert. Läden wurden nostalgisch beschriftet und mit damals begehrten handwerklichen Waren gefüllt: erzgebirgische Volkskunst, Goldschmiedestücke und Töpferwaren. Ein Puppentheater zog ein und überlebte auch die Wende. Vor dem Jazzclub, den es nicht mehr gibt, warteten am Wochenende Dutzende auf der Straße

auf Einlass, die meisten vergeblich. Noch heute wird in dieser Straße gewebt und werden Geigen gebaut, doch zeigt das Angebot der Läden eine neue Weltläufigkeit.

SANIERT

205 Millionen Euro hat das Land Berlin von 1993 bis 2008 für das 67 ha große Sanierungsgebiet der Spandauer Vorstadt ausgegeben, hohe Summen investierten auch viele Eigentümer. Jetzt gehört die Gegend um den Hackeschen Markt zu den teuersten Wohngegenden der Stadt. Gewerbemieten wachsen ins Gigantische, und Mode vertreibt die Gastronomie.

Haus Nr. 21, tagsüber ganz unauffällig, lockt abends mit kräftigem Rot, Blau und Gelb in Höfe, die bis in die Gipsstraße führen, dort, wo früher Gips gebrannt und später Nähmaschinen hergestellt wurden: die **Sophie-Gips-Höfe**. Ein Durchbruch für die Kunst der Gegenwart wurde hier geschaffen. Erika und Rolf Hoffmann haben sich hier für ihre Sammlung – Werke von Sigmar Polke, Rebecca Horn, Andy Warhol, A. R. Penck – im letzten Hof eine private Galerie gebaut. Erstklassiger Kaffee wird bei »Barcomis« geröstet, und man sitzt im Sommer sehr schön im ruhigen Hof – fast abseits der Touristenströme.

Biegen Sie von der Sophienstraße nach rechts in die **Große Hamburger Straße** ein. Links neben dem Theaterhaus verweist ein Denkmal auf die Bedeutung des gegenüberliegenden Parks und Spielplatzes: Christian Koppe, Stadthauptmann von Berlin, hatte das Gelände 1696 von den Schadowschen Erben gekauft und 1705 der Berliner Verwaltung mit der Maßgabe überlassen, darauf einen Friedhof für Arme und Waisen einzurichten. Auch Selbstmörder soll man hier beerdigt haben. Die Gruft Koppes und seiner Familie soll direkt unter dem Denkmal liegen, das die Stadt ihm gewidmet hat. »Der verlassene Stuhl hinter dem leeren Tisch vor dem umgestürzten Stuhl« fällt Ihnen im Park sicher ins Auge. Ein Vers von Nelly Sachs rahmt das Mahnmal. Carl Biedermann und Eva Butzmann schufen den verlassenen Raum 1988 zum 50. Jahrestag des Novemberpogroms, und 1996 wurde das Denkmal aufgestellt. Es soll an die jüdischen Anwohner erinnern, die während der Nazizeit in aller Eile ihre Wohnungen verlassen mussten.

Alte neue Kunstmeile

Kehren Sie um, und biegen Sie rechts in die **Auguststraße** ein. Als Kunstfreund oder Kunstfreundin werden Sie diese Straße nicht so bald verlassen – oder wiederkommen –, denn hier reiht sich eine Galerie an die andere. Galerist Gerd Harry Lybke hat die Spürnase für die Entdeckung und das Talent für die Förderung junger Shootingstars der modernen Kunst. Seine Galerie **Eigen+Art**,

JÜDISCHES MUSEUM

Im Westen Kreuzbergs, in einem Gebäude mit der Form eines zerborstenen Davidssterns, vom amerikanischen Architekten Daniel Libeskind entworfen, können Besucher 2000 Jahre jüdischer Geschichte erfahren (Lindenstr. 9–14).

Auguststr. 26, zu DDR-Zeiten als freie Initiative in Leipzig ins Leben gerufen, expandierte nach der Wende nach Berlin und vorübergehend nach New York und ist heute der Renner auf dem hektischen internationalen Kunstmarkt.

Clärchens Ballhaus, in Nr. 24, ist seit 1903 geradezu eine Legende als Schwoflokal im Kiez und erhielt nach fast 100-jährigem Gebrauch ein Lifting, dem die Anwohner und Nutzer allerdings bange entgegensahen. Aber soll man nicht nach allen offensichtlichen Zeichen der Gentrification genannten Vertreibung der alten Bewohner durch Sanierung (und Verteuerung) um die gewohnten, Identifikation stiftenden Orte bangen? Jetzt ist das Ballhaus schon ab Mittag geöffnet, mit Lametta an den Wänden dekoriert, und Pizza gibt es neben Bouletten sowie Kaffee und Kuchen. Geblieben ist die tolerante Mischung aus Jung und Alt, die Nachbarn kommen, Studenten und Touristen treffen sich im schönen Garten.

Die **Kunst-Werke** (KW) in der Auguststr. 69, auf der rechten Straßenseite, eine ehemalige sanierte Margarinefabrik, ist heute Epizentrum der modernen Kunst. Der Hof gehört zum Ausstellungsgelände und bietet mit dem Café Bravo den von der Kunst Erschöpften Stärkung. Die Häuser Nr. 11 und Nr. 13 gegenüber beherbergten seit 1930 die **Jüdische Mädchenschule**, bis die Nationalsozialisten sie 1942 schlossen. 2012 wurden sie in ein Haus für »Kunst und Esskultur« umgewandelt mit Sammlungen und Galerien und Restaurants im Erdgeschoss. Auch das Museum The Kennedys ist hier eingezogen.

Clärchens Ballhaus (▶ S. 44), eines der letzten erhaltenen Ballhäuser aus der Zeit um 1900 in Berlin, ist nach seiner einstigen Betreiberin Clara Bühler benannt.

Nach dem Dreißigjährigen Krieg waren 50 aus Wien vertriebene jüdische Familien nach Berlin gekommen, die Kurfürst Friedrich Wilhelm 1671 unter seinen »sonderbaren Schutz« stellte. Juden sollten schon im 17. Jh. auf kurfürstlichen Wunsch die daniederliegende Wirtschaft beleben, Steuern zahlen, aber keine Synagoge bauen. Ihre Einreise wurde streng kontrolliert.

Jüdisches Leben

Bis 1933 lebten 160 000 Juden in Berlin. 1939 hatte schon die Hälfte von ihnen das Land verlassen. Im Sommer 1945 waren noch etwa 8000 verblieben, von denen viele auf die Auswanderungsgenehmigung warteten. 55 000 waren in Konzentrationslagern ermordet worden. Durch den Zuzug von Juden aus der ehemaligen Sowjetunion ist die Jüdische Gemeinde heute wieder auf rund 12 000 Mitglieder angewachsen. Im Gebäude des **Jüdischen Krankenhauses** (Nr. 14–16), dem der Ruf vorauseilte, eine der besten medizinischen Einrichtungen Europas zu sein, lebten ab 1922 auch osteuropäische Flüchtlingskinder im Waisenhaus AHAWAH (das hebräische Wort für Liebe). Ein Teil der Kinder wanderte mit den Lehrern 1934 und 1935 nach Palästina aus. Die Nazis machten das Haus zum Sammellager für alte Juden, die Tage und Wochen im Siechenhaus auf die Deportation in Vernichtungslager warteten. 15 000 Menschen haben das Haus in 117 Alterstransporten verlassen.

Biegen Sie nach links in die **Tucholskystraße**, die 1827 wegen der Kaserne jenseits der Oranienburger Straße, direkt am Kupfergraben, Artilleriestraße genannt wurde. Die Kaserne trug zu DDR-Zeiten den Namen Friedrich-Engels-Kaserne,

MAHNMAL FÜR DIE DEPORTIERTEN JUDEN IN GRUNEWALD

Am S-Bahnhof Grunewald, Gleis 17, wurden jüdische Bürger zur Deportation in Züge – Viehwaggons – gesperrt und in die Vernichtungslager transportiert. Heute ist dieser Ort ein eindringliches Mahnmal.

weil der Marxist dort einige Jahre Dienst getan hatte. Kurt Tucholsky selbst hatte nie in dieser Straße gelebt, dafür war aber Christian Morgenstern, der 1841 in einer Wohnung unterm Dach der Artilleriestr. 31 Theaterkritiken und Gedichte schrieb, der berühmteste Anwohner. Verschwunden sind an der Ecke Auguststraße die großen Buchstaben **WOHNMASCHINE**. Im Jahr 1988, als noch niemand an Mauerfall und Sanierung dachte, hatte der Theatertischler Friedrich Lock die erste – und heimliche – Galerie an diesem Ort hinter dieser Wortschöpfung verborgen.

In der Tucholskystr. 40, rechts von der Auguststraße, hatten orthodoxe Juden 1869 aus Protest gegen die zunehmende Liberalisierung der Hauptgemeinde eine neue Gemeinde, Adass Jisroel, gegründet, die die Nazis 1939 für aufgelöst erklärt hatten. Seit 1994 wieder als unabhängig anerkannt, unterhält Adass Jisroel in seinen Räumen eine eigene Synagoge.

In der Tucholskystr. 9, im zweiten Block rechts jenseits der Oranienburger Straße, liegt das **Leo-Baeck-Haus**. Ab 1907 bestand hier – damals Artilleriestr. 14 – die Hochschule für die Wissenschaft des Judentums, die 1872 Unter den Linden eröffnet

worden war. Das NS-Regime schloss die Schule 1942, ihr Leiter, der Rabbiner Leo Baeck, wurde nach Theresienstadt verschleppt, überlebte den Völkermord und starb 1956 in London. Seit dem 19. April 1999, dem Jahrestag des Aufstands im Warschauer Getto 1943, haben der Zentralrat der Juden in Deutschland und der European Jewish Congress hier ebenso ihren Sitz wie die Jüdische Pressegesellschaft.

Einstiger Stolz der Post

Der gelbe Klinkerbau auf der rechten Straßenseite, der sich bis zur Oranienburger Straße zieht, ist von 1875 bis 1881 als **Postfuhramt** mit Wagenremisen, Ställen für 240 Pferde, Rohrpostmaschinenhaus, Schlafstellen für Bedienstete und Versammlungsräumen nach Plänen von Carl Schwatlo gebaut worden. Achten Sie auf die farbigen Terrakotten und die Putten, die Aufgaben des Post- und Telegrafenwesens zeigen. Sie sind längst arbeitslos. In den dekorativ maroden Räumen hatte sich bis 2012 die Galerie C/O Berlin mit dem International Forum for Visual Dialogues eingerichtet. Nach Sanierung soll die Repräsentanz eines Unternehmens für Medizintechnik einziehen. Schräg gegenüber in der Oranienburger Straße, lagen das Institut für Post- und Fernmeldewesen und das Haupttelegrafenamt.

Maurisches Kunstwerk

Biegen Sie links in die **Oranienburger Straße**. Gleich hinter den ruhigen **Heckmannhöfen** 🟊 mit einigen hübschen Läden und einem Keller, in dem ganz traditionell Bonbons gekocht werden, stehen Sie vor der **Neuen Synagoge**, deren goldene

Kuppeln den Himmel über der Stadtmitte beherrschen. Eduard Knoblauch hatte den Bau im maurischen Stil 1859 begonnen, der von Schinkels Schüler August Stüler vollendet und 1866 eingeweiht wurde. Der mutige Polizist Wilhelm Krützfeld vom Revier 16 hatte das »maurische Kunstwerk« am 9. November 1938 vor der Zerstörung durch die SA bewahren können, aber nach einem britischen Bombenangriff im November 1943 war nur noch eine monströse Ruine übrig geblieben, die 1958 endgültig abgerissen wurde. Den Grundstein für den Wiederaufbau des Vordergebäudes legte die Stadt im November 1988, und am 7. Mai 1995 konnte die Jüdische Gemeinde Berlins die erneute Einweihung feiern. In der Neuen Synagoge gibt es nur einen kleinen Gebetsraum, die restlichen Räumlichkeiten nutzt das **Centrum Judaicum** für Kulturveranstaltungen und Kongresse. Eine ständige Ausstellung führt durch jüdischen Alltag vor dem Krieg und vermittelt viel von der einstigen Lebendigkeit des Viertels. Im September 1930 spielte Albert Einstein in der Synagoge Werke von Bach und Händel.

Kleine Idyllen am Weg

Bevor Sie links in die Krausnickstraße abbiegen, werfen Sie noch einen Blick auf die andere Straßenseite zum **Monbijoupark**, der sich bis zum Ufer der Spree zieht. Die Schriftstellerin Ina Seidel hatte das Schlösschen beschrieben, das einst dort lag, im Krieg beschädigt und 1960 abgerissen wurde, sodass nur eine Wiese blieb: »Ich liebe nicht nur den Park, auch das kleine Palais in seinem preußisch enthaltsamen Spätbarock erschien mir sehr reizvoll, es war in der Tat ein Bijou, ein

In der Bonbonmacherei (▶ S. 46) in den Heckmannhöfen können Leckermäuler dabei zusehen, wie aus der heißen Rohmasse die beliebten Süßigkeiten entstehen.

Beim Bau der Neuen Synagoge (▸ S. 46) ließen sich die Architekten Knoblauch und Stüler vom maurischen Stil, speziell von der Alhambra in Granada, inspirieren.

Kleinod intimer Architektur.« Wo das Schloss stand, befindet sich heute ein Kinderschwimmbad.

An der linken Straßenseite der Krausnickstraße erstreckt sich das katholische **St.-Hedwig-Kranken-haus** bis zur Großen Hamburger Straße. 1854 hatten die Barmherzigen Schwestern das neogotische Bauwerk bezogen. Sieht es nicht schön aus, wenn man von der Großen Hamburger Straße in den grün – und im Herbst weinrot – belaubten Eingang sieht? Ausgerechnet in diesem Krankenhaus, das in der Nazizeit allen Verfolgten offen stand, hatte Propagandaminister Goebbels sich 1943 eines Nierenleidens wegen behandeln lassen und sich voller Lob geäußert. Sie gehen jetzt nach rechts zur **Sophienkirche** von 1712. Als einzige barocke Kirche hat sie den Krieg fast unbeschadet überstanden.

Orte des Grauens und der Zukunft

Wenn das Straßenschild **Große Hamburger Straße** heute noch vielen Menschen das Herz stocken lässt, dann weil sie mit dem einstigen Zentrum jüdischen Gemeindelebens Tradition und Schrecken verbinden. Das Haus Große Hamburger Str. 27 wird bewacht – wie die Syna-

THEODOR FONTANE

Mit seinem Onkel August hatte Theodor Fontane als Jugendlicher in der Großen Hamburger Straße gewohnt, neben einem »Judenkirchhof«. Nach Fontanes Erinnerungen rann das Wasser die Wände hinunter. Es war üblich, dass Hungerleider als »Trockenwohner« noch feuchte Wohnungen bezogen, bis sie bessergestellten Bewohnern zuzumuten waren.

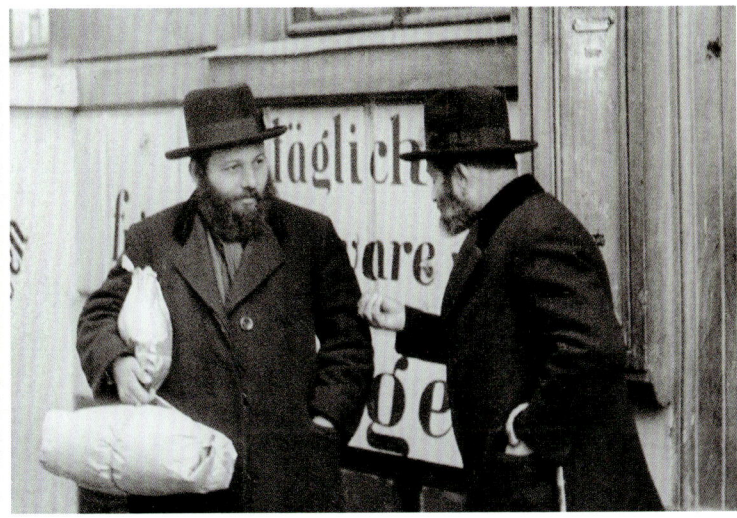

Die Szenen änderten sich mit der Deportation der Juden. Bilder wie dieses aus dem Jahr 1935 in der Grenadierstraße gab es nicht wieder.

goge in der Oranienburger Straße –, und der Schulhof daneben ist mit einer Mauer umgeben, die in Stacheldraht endet. Das Gebäude ist von 1905 bis 1906 als Knabenschule der Jüdischen Gemeinde entstanden und wurde 1942 von den Nazis geschlossen. Seit 1993 setzt die **Jüdische Oberschule** die Tradition der 1778 von Moses Mendelssohn, David Friedländer und Daniel Itzig gegründeten Freischule fort, und im Sommer 2000 machten die ersten Schüler nach der »Schoa« hier Abitur.

An der Großen Hamburger Str. 26 liegt ein unscheinbarer Park. Links steht ein Denkmal, darauf eine Handvoll Steine. 1672 war hier der erste **Friedhof der Jüdischen Gemeinde** in Berlin angelegt und Jechiel Aschkenasi als Erster beigesetzt worden. 12 000 Tote barg der Friedhof, als er 1827 geschlossen wurde, auch Moses Mendelssohn († 1786).

Als die SS (Schutzstaffel) der Nazis den Friedhof 1943 zerstörte, mussten die Bewohner des Altenheimes daneben zusehen, wie der »Gute Ort« (jüdischer Friedhof) verschwand. Das Altersheim selbst, in dem die Gemeinde von 1828 bis 1942 arme Alte versorgte, machten die Nazis zum Sammellager, von dem aus die Juden zu den Zügen in die Vernichtungslager gebracht wurden. Die Nachbarn hatten nichts gesehen, und die wenigen, die etwas gesehen hatten, versteckten ihre jüdischen Nachbarn, im St.-Hedwigs-Krankenhaus, in der Bäckerei, in der Bürstenmacherei, in der Prostituiertenwohnung. Bomben haben das Altersheim im Zweiten Weltkrieg zerstört. Seit 1984 erinnert eine Figurengruppe von Willi und Mark Lammert, die Sie links vor dem Park sehen, an das Sammellager der Gestapo (Geheime Staatspolizei).

»Der Block der Frauen« (▶ S. 50) in der Rosenstraße erinnert an den Protest der Ehefrauen gegen die Internierung ihrer jüdischen Männer.

Wenn Sie das Tor zum Park öffnen, stehen Sie vor einem Grabstein, der für Moses Mendelssohn neu errichtet wurde. Rechts an der Mauer sind Fragmente von Grabplatten und eine Gedenktafel zu sehen.

Auf der anderen Straßenseite zwischen den Häusern Nr. 15 und Nr. 16 fällt eine Lücke auf, es gibt hier nur die Seitenflügel eines großen Gebäudes. An den 19 Schaufenstern des »Größten Spielwarengeschäfts der

MOSES MENDELSSOHN

Seinem Dessauer Lehrer Rabbi Fraenkel folgte Mendelssohn 1743 als 14-Jähriger nach Berlin. Er wurde zum Philosophen der Aufklärung und Wegbereiter jüdischer Emanzipation. Sein Freund Gotthold Ephraim Lessing nahm ihn zum Vorbild für sein Drama »Nathan der Weise« (1779).

Welt«, das hier gestanden hat, drückten sich Kinder die Nasen platt. Ob das Haus rechts mit dem Kinderrelief dazu gehörte? Auf den hohen Seitenwänden lesen Sie Namen, es sind die der Menschen, die hier lebten, als das Haus am 3. Februar 1945 unter Bomben zusammensank – Ergebnis eines Kunstprojektes »Die Endlichkeit der Freiheit« von 1990, das der Künstler Christian Boltanski »The Missing House« nannte.

Nach einigen Restaurants biegen Sie hinter einer Brachfläche links wieder in die Oranienburger Straße und gehen rechts zum Hackeschen Markt, lassen den S-Bahnhof rechts liegen und folgen der Straße An der Spandauer Brücke. Auf der linken Seite können Sie in die **Rosenstraße** abbiegen. Kurz vor deren Ende stehen Sie vor der Skulpturengruppe »**Der Block der Frauen**«, 1995 von Ingeborg Hunzinger geschaffen. Das

Denkmal erinnert an den tagelangen Protest nichtjüdischer Frauen im Frühjahr 1943 gegen die Inhaftierung ihrer jüdischen Ehemänner, die daraufhin entlassen wurden.

Sie können jetzt über die Karl-Liebknecht-Straße zum Alexanderplatz mit U- und S-Bahnhof gehen. Nicht weiter ist der Rückweg zum S-Bahnhof Hackescher Markt.

SEHENSWERTES

Haus Schwarzenberg ▸ S. 140, B 11
Der gemeinnützige Verein Schwarzenberg e.V. beherbergt seit mehr als 20 Jahren diverse Kunst- und Kulturschaffende, sowie kleinere Betriebe. Häufig gibt es neue Ausstellungen und Veranstaltungen.
Rosenthaler Str. 39 • www.haus-schwarzenberg.org
Blindenwerkstatt Otto Weidt • http://www.museum-blindenwerkstatt.de/ • tgl. 10–20 Uhr, Führungen So 15 Uhr • Eintritt frei
Anne-Frank-Zentrum • Das Zentrum beherbergt unter anderem die Dauer-Ausstellung »Anne Frank. Hier & Heute« • www.annefrank.de • Di–So 10–18 Uhr • Eintritt 5 €, erm. 3 €
Monsterkabinett • Im zweiten Hinterhof wacht ein Monster, das man mit einer Münze beleben kann • Rosenthaler Str. 39 • www.monsterkabinett.de • Do 18–22, Fr, Sa 16–22 Uhr • Eintritt 8 €, erm. 5 €, für Kinder unter 6 J. ungeeignet

Olbricht Collection ▸ S. 140, A 10
Arbeiten von Beginn des 16. Jh. bis zur Gegenwartskunst. Die Sammlung umfasst Malerei, Fotografie, Skulptur, Installationen und neue Medien, außerdem fast alle Editionen Gerhard Richters von 1965 bis 2011.
Auguststr. 68 • www.me-berlin.com • Di–So 12–18 Uhr, Führungen 1. Sa im Monat 14 Uhr • Café Di–So 12–18 Uhr • Eintritt 7 €, erm. 4 €

ESSEN UND TRINKEN

Beth Café ▸ S. 140, B 11
In dem kleinen Restaurant werden (kontrolliert) koschere, vegetarische Menüs und israelische Spezialitäten angeboten.
Tucholskystr. 40 • Tel. 2 81 31 35 • So–Do 11–20, Fr 11–17 • €€

Strandbar Mitte ▸ S. 140, A 11
Die älteste Berliner Strandbar an der Spree lädt im Sommer zur Pause.
Monbijoustr. 3 • Tel. 28 38 55 88 • www.strandbar-mitte.de • Sommer tgl. ab 10 Uhr • €

EINKAUFEN

Ampelmann Galerie Shop ▸ S. 140, B 11
Das Ost-Ampelmännchen für alle Zwecke.
Hackesche Höfe V • www.ampelmannshop.com • Mo–Sa 10–22 (Winter 19), So 11–19 Uhr

Nacht! Tauentzien! Kokain!
Charlottenburg und Goldene Zwanziger

Das wilhelminische Zeitalter ist zu Ende. Weit weg von der alten Mitte, dem einstigen Empfangssalon der Könige von Preußen, ist gerade der Neue Westen entstanden, im fragwürdigen Geschmack der Gründerzeit. Hier wird Berlin »das größte Kaffeehaus Europas«, der Schmelztiegel der Nationen, das »Industriegebiet der Intelligenz«; hier entsteht auch der Mythos von den Goldenen Zwanzigerjahren.

◄ Das Upper West – In der Skybar lässt es sich träumen, vom Lebensgefühl der Goldenen Zwanziger.

START	U-Bahn: Wittenbergplatz
ENDE	U-/S-Bahn: Bahn Zoologischer Garten
DAUER	2,5 Stunden

»Den Flanierenden leitet die Straße in eine entschwundene Zeit«, schrieb Walter Benjamin in den 1920er-Jahren, als er in seine Geburtsstadt Berlin zurückgekehrt war. Sie sind schon im U-Bahnhof Wittenbergplatz in eine entschwundene Zeit eingetaucht. Wie eine Filmkulisse von anno dazumal wirken die alten Werbetafeln, Geländer, Fliesen, Lampen und nostalgischen Schilder, die an den Treppen die Richtung weisen. Und wenn Sie die Halle dieses Jugendstilbahnhofs von 1902 verlassen, der 1913 umgebaut und längst historisierend wiederhergestellt wurde, empfängt Sie die Großstadt. Eilige Passanten, Musiker, Bettler, bummelnde Touristen kreuzen Ihr Blickfeld. Schön ist hier nicht viel – Hotels, Wohn- und Bürohäuser, wie man sie eben nach dem Krieg wiederaufgebaut hat. Sie wenden sich an der Ampel zur Südseite der Straße, die hier **Tauentzienstraße** heißt und wo unübersehbar das **Kaufhaus des Westens (KaDeWe)** lockt.

Schon bei der Eröffnung des größten und berühmtesten Warenhauses Berlins im März 1907 redeten die Berliner nur vom KaDeWe – das Abkürzen war gerade groß in Mode gekommen. Der Besitzer Adolf Jandorf trat im Neuen Westen mit exklusiven Luxuswaren für ein verwöhntes Publikum in Erscheinung; für Billiges wie in seinen anderen Läden am Spittelmarkt und in der Brunnenstraße hätte es hier keinen Bedarf gegeben.

»Charlottengrad«

Das sollte sich schnell ändern, denn die Nachkriegszeit und die Inflation zu Beginn der 1920er-Jahre brachten neben Kriegsgewinnlern – hier hießen sie »Raffkes« – auch Armut und Hunger. Viele Ausländer zogen nach Berlin und vor allem nach der Oktoberrevolution 1917 Russen nach Charlottenburg, das damit zu »Charlottengrad« wurde. Flüchtlinge kamen, Emigranten, Sowjetbürger – manche für kurze, andere für längere Zeit, arme und reiche Zeitgenossen. Für Andrei Bely (1880–1934), den damals berühm-

---

ILJA EHRENBURG

Der russische Schriftsteller schrieb 1922: »In Europa gibt es nur eine zeitgemäße Stadt – es ist Berlin.« Berlin war für ihn der Ort, »… an dem der Kampf um die Zukunft Russlands in Europa ausgetragen wird.«

---

testen Schriftsteller Russlands, ist das KaDeWe das Kaufhaus der Kaufhäuser, »… in dessen Schaufensterauslagen feine Seidenstoffe in allen Nuancen schillern, kunstvoll hingefingert von Dekorateuren, affektierte Wachsschönheiten stellen ihren Staat da zur Schau … Elegante Verkäuferinnen und Verkäufer überschütten einen mit Dingen, und nicht sofort wird Ihnen auffallen, dass unter all den hier versammelten Nationen, den Polen, Tschechoslowaken, Chinesen, Japanern und Russen, nur eine einzige Nation

KURFÜRSTENDAMM

Bis 1883 war der Churfürsten-Damm ein Knüppeldamm, den Könige und Kurfürsten nutzten, um vom Berliner Stadtschloss zur Jagd in den Grunewald zu reiten.

fehlt, die deutsche Nation. Das Ka-DeWe geht über den Geldbeutel der Deutschen … Charlottengrad ist vorzugsweise für die Russen da.« Das Zentrum der meisten Russen jedoch bildet der Prager Platz weiter südlich in Wilmersdorf. Viele schreiben von elenden Zimmern und stinkenden Mülleimern. Es erinnert sie an die Hinterhöfe von St. Petersburg. Wenn sie ihre schäbige Unterkunft verlassen, sehen sie an den Plätzen Bettler, Streichholzverkäufer und Altwarenhändler und hören Geigen klagen.

Ein Boulevard Pariser Art

Nachdem Reichskanzler Otto von Bismarck 1871 nach dem Deutsch-Französischen Krieg aus Paris zurückgekommen war, sollte die preußische Residenz auch zur Kapitale des Kaiserreichs werden, und er regte an, den Kurfürstendamm zu einem Boulevard nach dem Vorbild der Champs-Élysées auszubauen. Ohne großes Aufsehen war die Straße gebaut worden, 3,5 km lang, 53 m breit, wobei in der Mitte ein Reitweg erhalten blieb. Rundherum hatte sich bald angesiedelt, wer das entsprechende Kleingeld dazu hatte. Werfen Sie einen Blick auf das Eckhaus Nürnberger Str. 50–55 (Hotel Ellington), das 1928 bis 1931 für die Reichsmonopolverwaltung für Branntwein errichtet wurde und als

Femina-Palast bekannt war, denn im Erdgeschoss gab es die gleichnamige Tanzbar. Alleinstehende männliche Gäste wurden ermuntert, sich der Dame ihrer Wahl per Tischtelefon zu nähern. Heute laden Jazzkonzerte ins »Duke«.

Beim **Europa-Center**, das auf der Nordseite der Straße bis zum Breitscheidplatz reicht, wird Ihre Fantasie auf eine harte Probe gestellt. Das gesamte Areal wurde ab 1955 neu bebaut. Vielleicht hilft Ihnen das Plätschern des Weltkugelbrunnens, den die Berliner »Wasserklops« nennen, sich in die Zeit vor 100 Jahren zu versetzen, als hier nach dem Willen Kaiser Wilhelms II. das Romanische Forum wie die Kaiser-Wilhelm-Gedächtniskirche im neoromanischen Stil entstand. An der Ostseite des damaligen Auguste-Viktoria-Platzes, zwischen Tauentzien und Kurfürstendamm, errichtete Franz Schwechten 1901 das zweite Romanische Haus als Wohnhaus. Über die gesamte Breite des Gebäudes zog sich das **Romanische Café**, in den 1920er-Jahren legendärer Treffpunkt derjenigen, die der Enge des Kaiserreichs etwas entgegensetzen wollten. Erich Kästner, selbst froh, dass ihn ein »Fußtritt Fortunas«, nämlich eine Kündigung, nach Berlin verschlagen hatte, beschrieb das Etablissement als »Wartesaal der Talente«.

Arme wie Reiche lebten hier, und es war ein buntes Volk, das sich hier die Zeit vertrieb, mit Verlegern verhandelte, Schach spielte oder von Tisch zu Tisch spazierte, um nichts bestellen zu müssen. Einer der jungen Literaten, Günther Birkenfeld, der den Begriff »Wartesaal des Genius« schuf, beschrieb das Lokal: »So farblos und frostig wie sein Name …«, aber »… hier traf sich alles, was zwischen Reykjavík und Tahiti von Beruf oder aus Liebhaberei mit den Musen und Grazien in irgendeiner Beziehung stand«. In der Anfangszeit hatten die Stammgäste noch vom »Rachmonischen Café« geulkt, nach dem hebräischen Wort für erbarmungswürdig. Spätestens 1925 war es berühmt.

Es gab eine sichtbare Hierarchie: Ein kleiner Raum mit 20 Tischen war das »Bassin für Schwimmer« – das waren die Arrivierten –, von dem eine Treppe zur Galerie mit Spielertischen hinaufführte; der große Raum rechts vom Eingang mit 60 bis 70 Tischen war den »Nichtschwimmern« vorbehalten, der großen Schar der Jungen, Unbekannten, aber Hoffnungsvollen. Alle wollten etwas werden: Fotograf, Pressezeichner, Conferencier, Reporter, Filmschauspieler… Auf der Außenterrasse saßen die Touristen, um vielleicht einen Blick auf einen berühmten Künstler erhaschen zu können.

In südlicher Richtung führt die Rankestraße ab, wo es in **Schwanneckes**

Weinstuben, Nr. 4, ein ganzes Stück vornehmer zuging. Da konnte man Ernst Rowohlt, Alfred Kerr und Joachim Ringelnatz sitzen sehen.

Unter den Augen der Monarchie

Auf dem **Breitscheidplatz** ⭐, 1889 als Gutenbergplatz angelegt, hatte die **Kaiser-Wilhelm-Gedächtniskirche** einen monarchischen Akzent in den Neuen Westen gesetzt. Nach den Plänen Egon Eiermanns entstand hier 1961 eine neue Kirche. Die Kriegsruine ist als Mahnmal erhalten.

»Die Russen ziehen ihre Kreise um die Gedächtniskirche wie Fliegen um Kronleuchter. Auf den Straßen spazieren Damen in Sealmänteln und schwarzen Lederüberschuhen. Schieber in rauwollenen Paletots, russische Professoren, die Hände mit dem Regenschirm auf dem Rücken verschränkt … Wir leben unter den Deutschen wie ein See inmitten seiner Ufer.« So sieht es Andrei Bely, und es passt zum Neuen Westen, dem der Ruf von Extravaganz und Snobismus anhängt. Für ihn ist die Tauentzienstraße »das Zentrum der

1925, als dieses Foto entstand, waren viele Stammgäste des Romanischen Cafés
(▶ S. 54) am Breitscheidplatz bereits emigriert.

russischen parties de plaisir …, von
der die Coupletsänger schwärmen:
Nacht! Tauentzien! Kokain! Das ist
Berlin!«. Mit dem »Zoofenster« genannten Hochhaus, mit Waldorf As-
toria Hotel und einer als »Bikini
Berlin« bezeichneten urbanen Oase
konkurriert der alte Westen heute
mit der neuen Mitte.

Wo der Film zu Hause war

Schon sind Sie auf dem Charlotten-
burger Broadway, der **Kurfürstendamm** beginnt – mit der Hausnr. 11.

LITERATURSZENE

Zu den ausländischen Literaten im
Berlin der 1920er-Jahre gehörten Ale-
xei Tolstoi, Vladimir Nabokow (Russ-
land), Elias Canetti (Österreich), Georg Lukács (Ungarn) und Rabindranath
Tagore (Indien).

Die Nummerierung verläuft, wie
sehr oft in Berlin, auf der einen Seite
durchgehend, wechselt am Ende der
Straße und endet gegenüber mit
Nr. 237. Die ersten und letzten Hausnummern fehlen, seit 1925 der ursprünglich erste Teil der Straße bis
zum Landwehrkanal in Budapester
Straße umbenannt wurde. Vor Nr. 11
hatte Kurt Tucholsky schon 1912
seine »Bücherbar« eröffnet, einen
»Studikerunfug« für einige Wochen,
wo er geistige Nahrung in jeder
Form anbot. In westlicher Richtung
stand das erste **Romanische Haus**,
heute Kurfürstendamm Nr. 12, mit
dem neobarocken **Gloria-Palast**, einem Kino für 1200 Zuschauer, 1926
mit einer Pantomime von Frank
Wedekind und Friedrich Wilhelm
Murnaus Molière-Verfilmung »Tar-
tüff« eröffnet. Es wurde das Haus der
großen Uraufführungen wie für den
»Blauen Engel« mit Marlene Diet-

Blick in den Ende der 1950er Jahre errichteten Sakralbau der Kaiser-Wilhelm-Gedächtniskirche (▶ S. 55), der sich neben der Turmruine erhebt.

rich und Emil Jannings am 1. April 1930. Da hatte Berlin aber schon längst Filmgeschichte geschrieben. Am Ku'damm gab es zehn Lichtspielhäuser, man hatte »Madame Dubarry« von Ernst Lubitsch gesehen und »Metropolis« von Fritz Lang, und 1922 war der erste Tonfilm, »Das Leben auf dem Dorfe«, aufgeführt worden. Im schneeweißen **Marmorhaus** (Nr. 236), 1912 bis 1913 erbaut, das Sie gegenüber sehen, zeigte sich die Moderne nicht nur in der mit schlesischem Marmor verkleideten Fassade. 1919 fand hier die Premiere von Robert Wienes »Das Kabinett des Dr. Caligari« statt. Wenn Sie der Nordseite der Straße folgen, finden Sie neben einem Hoteleingang an der Hausnr. 15 eine Gedenktafel, die an »Mampes gute Stube« erinnert. Der Österreicher Joseph Roth, seit 1921 als Journalist in Berlin, wohnte im Hotel, und hier soll sein Roman »Radetzky-marsch« entstanden sein. An der Südecke Joachimstaler Straße, wo eine große Video-Werbewand Sie über neue Modetrends informiert, hatte das Wäschehaus Grünfeld 1926 eine Filiale eröffnet, mit riesiger Schaufensterfront und gläsernem Fahrstuhl. Das war neu, das gab es im Stammhaus an der Leipziger Straße nicht. Die Kundschaft war prominent, kam vom Theater und vom Film, aus der Kunst- und Modewelt, oder die Kunden waren betuchte Touristen aus dem Ausland.

Das berühmte **Café Kranzler** an der Nordecke, von dem nur die Rotunde blieb, ist erst 1932 eröffnet worden. Sein Vorläufer war das Café des Westens, Treffpunkt der kulturellen Avantgarde um Alfred Kerr und Richard Strauss, Christian Morgenstern und Carl Sternheim, George Grosz, Wieland Herzfelde und John

Heartfield. Hier wurden Pläne geschmiedet und Kabaretts (Schall und Rauch, Überbrettl), avantgardistische Zeitschriften (»Der Sturm«, »Die Aktion«) und Verlage (Malik) gegründet. Seine Kritiker nannten es »Café Größenwahn«, und seine Gäste adoptierten die Bezeichnung gern. Mit dem Ersten Weltkrieg ging seine Zeit zu Ende, man zog weiter ins Romanische Café. Zwei Jahre lang gab es noch das Kabarett Größenwahn im ersten Stock.

Von Klassik bis zum Berliner »Barockoko«

Sie werden schnell feststellen, dass die Häuser am Kurfürstendamm überhaupt kein einheitliches Gesicht zeigen. Das liegt nicht nur daran, dass eintönige Bauten die vielen Kriegslücken füllen. Auch schon zur Zeit seiner Entstehung vor 100 Jahren gab es keine Bauvorschriften, und innerhalb weniger Jahre standen pompöse Häuser nebeneinander, mit Stuck und Erkern und Türmchen verziert, romanisch, barock oder im Rokoko, je nach Vermögen oder Gusto des Besitzers. Zehn- und mehr Zimmerwohnungen gab es in den Mietshäusern, in deren Höfen gelegentlich Schweine und Ziegen gehalten wurden. Es gab auch billige Stübchen ohne Heizung unterm Dach – ein Dienstmädchen erfror –, und die Adresse Kurfürstendamm war nicht für jeden eine gute. Die Erdgeschosse waren aber voller neuer bunter Läden, wie man in der Zeitung lesen konnte.

Viele jüdische Geschäfte gab es in der Modebranche, und in der Meineckestr. 10 im Haus der Jewish Agency wurde seit 1925 die »Jüdische Rundschau« redigiert. Das Palästinaamt verhalf bis zu seiner Schließung 1941 etwa 50 000 Men-

Moderne Kunst, wie sie die Berliner Sezession (▶ S. 59) 1900 bei der II. Kunst-Ausstellung zeigte, war dem deutschen Monarchen Wilhelm II. ein Dorn im Auge.

schen zur Auswanderung. An der Ecke Fasanenstraße/Ku'damm 26, stehen Sie vor einem Stück wilhelminischen Klassizismus. Der Tempel, mit ionischen Säulen und Giebel, ist 1912 bis 1913 als Lichtspielhaus **Union-Palast** und mit Max Reinhardts »Insel der Seligen« eingeweiht worden. Auch als Filmbühne Wien blieb es Premierenkino. In der Conditorei Wien sah man mittags die Kritiker vom »Berliner Tageblatt« und vom »12-Uhr-Blatt« speisen.

Eine neue Vokabel aus Amerika: Sex-Appeal

Viel Wirbel machte im Januar 1926 im Eckhaus gegenüber an der Nordseite der Auftritt Josephine Bakers im **Nelson-Theater**. Nicht nur, weil sie ihre langen Beine auf so unnachahmliche Art im Charleston-Takt warf. Der Journalist Walther Kiaulehn schreibt in seinem Stadt-Porträt über den »schwarzen Stern Europas«: »Braun wie ein gut gebratenes Steak, langbeinig und paradiesisch: In provokanter Unschuld trug sie nur eine Bananengirlande um ihre Hüften. Das straff gekämmte, blauschwarze Haar, die wippende Hüfte und das blitzende, weiße Gebiss …« Eine neue Vokabel sei »aus Amerika über den Ozean nach Berlin herübergeweht: Sex-Appeal«! In Nelsons intimer Konzertkulisse sang auch Marlene, als sie noch nicht »die Dietrich« war, und tanzte die verruchte Anita Berber, auch als Schauspielerin und Selbstdarstellerin bekannt. Wenn sie am Kurfürstendamm aus dem Auto stieg, im Zobelpelz, das Gesicht grell bemalt unterm Rotschopf, ein Kettchen um den Fuß, blieben die Leute stehen. Sie schnupfte, wie andere, die Mode-

KOKS

Das Koksen war große Mode. Die Halbwie die Unterwelt kokste, und auch die neue Avantgarde. Gottfried Benn, Sigmund Freud, Johannes R. Becher wie Ernst Jünger probierten den »Schnee«. Nur Carl Zuckmayer ekelte sich vor entzündeten Nasenlöchern, hatte sich in schlechten Zeiten allerdings – erfolglos – als Dealer versucht.

droge Kokain, die man auf der Straße oder in bekannten Bars kaufte.
Die Frauen hatten sich überhaupt verändert. Trinkfeste Diseusen saßen in den Bars, Asta Nielsen hatte in ihrer Rolle als Hamlet 1920 den Pagenkopf kreiert, und als Bubikopf trugen ihn Stars wie die Soubrette Fritzi Massary, auch mal lockig, wie die kesse Kabarettsängerin Claire Waldoff. Die »Berliner Illustrierte« entrüstete sich, zumal den kurzen Haaren auch die kurzen Röcke folgten. Die Prominenz verkehrte bei **Kempinski**. Sie treffen an der Ecke **Uhlandstraße** auf das berühmte Haus. Auf der Südseite, wo die **Komödie am Kurfürstendamm** (Nr. 208/209) zum Besuch einlädt, stellte die **Berliner Secession** Werke von Käthe Kollwitz, Max Beckmann, Emil Nolde und Edvard Munch aus, die heute alle zur klassischen Moderne gehören und für den Kaiser noch »Rinnsteinkunst« waren. 1924 zog die Secession um, und Max Reinhardt eröffnete die Komödie. Nur wenige Gedenktafeln erinnern an die Künstler.

Der alte Neue Westen

Biegen Sie nach Norden in die **Bleibtreustraße** ein, eine der atmosphä-

Wer eine genüssliche Rast einlegen will, lässt sich am besten in einem der malerischen Straßencafés in der Bleibtreustraße (▶ S. 59) nieder.

risch schönsten Seitenstraßen mit ihren Bäumen, Boutiquen, Restaurants. Hier ist Berlin immer noch der alte Neue Westen, charmant, etwas pariserisch. Gelegentlich fällt Ihnen sicher eine Gedenktafel auf wie neben Nr. 15, da hat die Schauspielerin Tilla Durieux gewohnt, mit dem Kunsthändler und Verleger Paul Cassirer verheiratet, der, wie der Kaiser sagte, »die Dreckkunst aus Paris zu uns bringen möchte«. Biegen Sie an der S-Bahn in den **Else-Ury-Bogen** ein, benannt nach der Verfasserin der »Nesthäkchen«-Romane, die im KZ umkam. Sie gelangen auf den **Savignyplatz.** Hier starb George Grosz, Schriftsteller und Maler des dekadenten Berlin 1959 nach durchzechter Nacht.

Wenn Sie der **Kantstraße**, die den Platz durchschneidet, nach Osten folgen, kommen Sie an der **Paris-Bar** (Nr. 152) vorbei. Carl von Ossietzky hatte ab 1927 im ersten Stock seine »Weltbühne« redigiert. Den Friedensnobelpreis durfte er 1935 auf Druck der Nazis nicht entgegennehmen. Drei Jahre später starb er an den Folgen der KZ-Haft. An der Nordseite präsentiert sich das **Theater des Westens** mit seiner Neorenaissancefassade. Hier besuchte man seit 1921 Trude Hesterbergs Kabarett Wilde Bühne, für das Ringelnatz, Tucholsky und Kästner die bissigen Texte schrieben. An der Kreuzung sind Sie fast am Bahnhof Zoologischer Garten angelangt.

SAVIGNYPLATZ

Der Platz hatte nach dem Krieg das intellektuelle Erbe des Breitscheidplatzes übernommen. Nach dem Mauerfall war es hier still geworden, jetzt ist es aber wieder umso lebendiger.

MUSEEN UND GALERIEN

C/O Berlin ▶ S.144, A 17

Annie Leibovitz, René Burri und Thomas Hoepker haben ihre Fotografien
noch im kaiserlichen Postfuhramt in Mitte ausgestellt. Nach Umbau des alten
Amerika-Hauses ist das International Forum for Visual Dialogues umgezo-
gen. Auch mit der experimentellen Reihe »Talents« und seinem Jugendpro-
gramm setzt das Haus weiter Qualitätsmaßstäbe.
Hardenbergstr. 22–24 • tgl. 11–20 Uhr • www.co-berlin.org • Eintritt 10 €, erm. 6 €

Deutsche Kinemathek Museum für Film und Fernsehen ▶ S. 145, E 17

Eine Zeitreise durch die deutsche Filmgeschichte. Die ständige Ausstellung
Fernsehen erinnert an die Sternstunden der Programmgeschichte.
Potsdamer Str. 2 (Sony Center) • www.deutschekinemathek .de • Di–So 10–18,
Do bis 20 Uhr • Eintritt 6 €, erm. 4,50 €

Graphik-Galerie Pels-Leusden und Käthe-Kollwitz-Museum ▶ S. 143, F 14

Der Berliner Kunsthändler Hans Pels-Leusden eröffnete im Mai 1986 das private Käthe-Kollwitz-Museum, das Teile des Gesamtwerks der Künstlerin zeigt.
Galerie: Fasanenstr. 25 • Di–Fr 10–18.30, Sa 10–18 Uhr
Käthe-Kollwitz-Museum: Fasanenstr. 24 • www.kaethe-kollwitz.de • tgl.
11–18 Uhr • Eintritt 7 €, erm. 4 €

ESSEN UND TRINKEN

Paris Bar ▶ S. 144, A 17

Die vornehmen Kellner parlieren Französisch. Wer an der Theke stehen darf,
hat sich diese Gunst redlich ertrunken.
Kantstr. 152 • Tel. 3 13 80 52 • www.parisbar.net • tgl. 12–2 Uhr • €€€

Wintergarten ▶ S. 143, F 14

In einer feinen Stadtvilla mit Wintergarten, nur wenige Schritte vom lauten
Kurfürstendamm entfernt. Idyllische Lage und bodenständige Küche.
Fasanenstr. 23 • Tel. 8 82 54 14 • tgl. 9–21 Uhr, Frühstück bis 14 Uhr • €€

Café am Neuen See ▶ S. 138, B 8

Während internationales Publikum den Biergarten im Sommer besetzt, ge-
nießen Cafébesucher im Winter die Aussicht auf Fuchs oder Eichhörnchen.
Lichtensteinallee 2 • Tel. 25 44 93 00 • Restaurant und Biergarten Sommer tgl.
9–22, Winter tgl. 11–22 Uhr • €–€€

BEAUTY

Udo Walz ▶ S. 143, F 14

Berlins Promi-Friseur und Hair-Dresseur wichtiger Damen aus Politik und
Fernsehen versorgt nach Anmeldung auch Sie mit edlem Schnitt.
Kurfürstendamm 29 • Tel. 8 82 74 57 • www.udowalz.de

Sport und Spiele gestern und heute
Olympiagelände in Charlottenburg

Das heutige Olympiagelände war 1933 Reichssportfeld und behielt den Namen bis 1950. Das neue Olympiastadion ist eigentlich nur das behutsam umgebaute alte, das Vergangenheit und Gegenwart in der Murellenschlucht miteinander versöhnt. Hier feierte man die Olympischen Sommerspiele von 1936, die der ganzen Welt ein tolerantes Deutschland vorgaukelten. Heute ist Hertha BSC hier zu Hause.

◄ Membran und Glasdach bergen die Anlagen zur Beschallung und Beleuchtung des Olympiastadions (► S. 63).

START	Osttor des Olympiastadions, S-Bahn: Olympiastadion
ENDE	An der Waldbühne, S-Bahn: Pichelsberg
DAUER	Ca. 2 Stunden

Nur wenige Minuten dauert es, um von der S-Bahn bis zum **Olympia-park** ⭐ zu gehen. Sie gelangen zum **Olympischen Platz** und zum **Haupteingang des Olympiastadions**, wo zwischen zwei 36 m hohen Türmen (Preußenturm links und der Bayernturm rechts) die fünf olympischen Ringe schweben, seit 1914 Sinnbild der im Sport geeinten Erdteile. Den 70 m breiten Vorplatz flankieren die monströsen Figuren »Diskuswerfer« und »Stafettenläufer« des Bildhauers Karl Albiker (1878–1961), die Gestalt gewordenen Fantasien von »Herrenmenschen«, von denen es ein gutes Dutzend auf dem Gelände gibt.

Als dieses Stadion am Westrand Charlottenburgs von 1934 bis 1936 für die Olympischen Sommerspiele 1936 für 100 000 Zuschauer gebaut wurde, musste sein Vorgängerbau abgerissen werden. Das Deutsche Stadion, auch Grunewald-Stadion genannt, hatte Architekt Otto March schon 1913 auf dem Gelände der Rennbahn Grunewald für die Olympischen Spiele 1916 gebaut. Diese fanden wegen des Ersten Weltkriegs jedoch nicht statt. Es gab aber bereits mehrere Einzelkampfeinrichtungen, Schwimmbecken, Turnplätze, Radrennbahn, Laufbahn usw.

Zum 25-jährigen Regierungsjubiläum Kaiser Wilhelms II. war es unter dem Motto »Allezeit bereit für des Reiches Herrlichkeit« eingeweiht worden. Eigentlich wollte der Deutsche Reichsausschuss für Leibesübungen das Deutsche Stadion erweitern und modernisieren, aber als Berlin 1931 den Zuschlag für die Austragung der Olympischen Spiele für das Jahr 1936 bekam, wurde Werner March, Sohn des Architekten des alten Stadions, mit einem Umbaukonzept beauftragt.

Im Vorfeld der Spiele

Als das Internationale Olympische Komitee (IOC) die Spiele am 13. Mai 1931 nach Deutschland vergab, ahnte noch niemand, dass zwei Jahre später die Nazis die Weimarer Republik ablösen würden. 1933 gab es schon die ersten Konzentrationslager in Oranienburg und Dachau. Demokratische Sportbewegungen

---

INFO-KUNST

Beleuchtetes Glas auf einer 18 m hohen Säule, vier Monitore im Sockel, die Informationen zu Geschichte und Sport freigeben – ein Kunstwerk am Olympischen Platz ist im Juni 2005 in Betrieb gegangen.

---

waren weitgehend abgeschafft, konfessionelle Vereine verboten. In den USA gab es aus Empörung über die Diskriminierung von Juden Bestrebungen, die Spiele in Deutschland zu boykottieren, noch verstärkt durch die Verabschiedung der »Nürnberger Rassegesetze« am 15. September 1935. Eine Fair-Play-Bewegung hielt es für zweifelhaft, dass die Olympische Charta respektiert werden würde. Und auch in Deutschland selbst wuchs der Widerstand gegen die Spiele, aus politischen Gründen. Wie die Nationalsozialisten lehnten zunächst auch die Arbeitersportbewegungen die Olympischen Spiele ab – die einen, weil ihnen humanistische Ziele und die völkerverbindende Idee jenseits von Nation und Rasse nicht passten, die anderen

---

HEINRICH MANN:

»Ein Regime, das sich stützt auf Zwangsarbeit und Massenversklavung; ein Regime, das den Krieg vorbereitet und nur durch verlogene Propaganda existiert, wie soll ein solches Regime den friedlichen Sport und freiheitliche Sportler respektieren?« (Rede in Paris, 6./7. Juni 1936)

---

lehnten gemeinsame Aktivitäten mit bürgerlichen und nationalsozialistisch beeinflussten Turnvereinen prinzipiell ab. Ein international besetztes Komitee zur Verteidigung der olympischen Idee befürchtete einen propagandistischen Missbrauch der Spiele und schlug eine Gegen- oder Volksolympiade in Barcelona vor. Doch inzwischen hatte Hitler den Nutzen der Olympischen Spiele für seine Ziele schon erkannt.

Die NS-Regierung gab eine vom IOC geforderte Erklärung ab, nach der die Spiele allen Rassen und Konfessionen offen stünden. Der populäre Boxer Max Schmeling wurde in die Vereinigten Staaten gesandt, für die Teilnahme an den Olympischen Spielen in Berlin zu werben – später distanzierte er sich davon –, und in einer Abstimmung entschied sich die Amateur Athletic Union gegen den Boykott, andere Staaten folgten.

»Triumph des Willens«

Werner March hatte drei Entwürfe für das Olympiastadion abgeliefert – und Hitler hatte mit der Absage der Spiele gedroht, denn zu klein, zu bescheiden schien ihm die moderne Stahlkonstruktion für sein Vorhaben, er wollte etwas Gigantisches. Angeblich soll sein Lieblingsarchitekt Albert Speer, sozusagen über Nacht, das Ei des Kolumbus gefunden haben: Natursteinplatten, in Handarbeit aufgeraut, so wie Besucher sie auch heute noch am Stadion sehen, sollten dem Bau die gewünschte Schwere geben und als »Triumph des Willens« dem Ganzen einen monumentalen Ausdruck verleihen. March hat das noch 1973 in einem Interview bestritten. Nach lediglich 940 Tagen Bauzeit stand das neue Stadion.

Die klare Form orientiert sich an den antiken Sportstätten, und selbst den schmalen Pfeilern sieht man die verblendete Stahlkonstruktion noch an. Wenn das Gebäude nicht gigantisch wirkt, so liegt das auch daran, dass es als Erdstadion entstanden ist, das heißt, nur der Oberring lag über Erdniveau. Seit dem Umbau und der Modernisierung hat das Stadion wohl die Erdenschwere beibehalten, aber über einer Fuge scheint auf schlanken Säulen das Dach zu schweben und dem Gebäude eine neue Leichtigkeit zu verleihen.

Wenn Sie die Treppe hinaufgehen, sehen Sie, dass es eigentlich kein Dach gibt, eher einen offenen Ring als Wetterschutz für die Zuschauer. Im teflonbeschichteten Glasfaserdach ist die Technik untergebracht: Von einer Skybox aus werden die Anzeigetafeln, die Audio-Anlage und das Flutlicht gesteuert.

Der **Innenraum** des Stadions wurde um 2,65 m abgesenkt, um eine dichtere Atmosphäre für Fußballspiele zu schaffen. Die blaue Tartanbahn hingegen konnten weder Architekten noch Denkmalschutz verhindern, es sind die Hertha-BSC-Farben, und das Olympiastadion ist schließlich Heimstatt des Berliner Fußballvereins. Für die neue Ehrentribüne, die Sie beim Gang über die Südseite erreichen, musste fast ein ganzes Stadionsegment abgerissen worden. Keine Spur mehr ist von der »Führerloge« geblieben.

Ausländische Staatsoberhäupter neben dem deutschen Bundespräsidenten mochten sich viele Berliner in der alten Loge nicht vorstellen und lehnten daher 1992 die Austragung der Olympischen Spiele 2000 in Berlin ab.

Inszenierung der Olympischen Spiele

Im Westen des Ovals stehen Sie am **Marathontor**, das den Blick auf Maifeld und **Glockenturm** freigibt. Die ursprüngliche Sichtachse wurde trotz des Umbaus erhalten. Der Dreifuß mit Feuerschale über dem Marathontunnel nimmt das olympische Feuer auf. Als Hitler am 1. August 1936 vor 100 000 Zuschauern die Olympischen Spiele eröffnete, schaute die versammelte Menge wie gebannt auf die Empore: Fritz Schilgen, Studenten-Weltmeister über 1500 m im Jahr 1931, hielt eine brennende Fackel in die steinerne Flammenschale und entzündete das olympische Feuer. So etwas hatte es zuvor noch nicht gegeben.

Leni Riefenstahl filmte das Ereignis und verewigte es im Prolog zu ihrem Dokumentarfilm »Fest der Völker«. Die Idee zum Fackellauf hatte Carl Diem, Generalsekretär des deutschen Organisationskomitees. Das Feuer hatte in 13 Tagen 3075 km zurückgelegt. Tausende Läufer hatten die olympische Flamme jeweils etwa 1 km auf dem Landweg durch Griechenland, Bulgarien, Jugoslawien, Ungarn, Österreich und die Tschechoslowakei nach Deutschland getragen. Begonnen hatte der Fackellauf am 20. Juli in Olympia. Nach antikem Vorbild hatten zwei junge Griechinnen ein Stück Holz in den Brennpunkt eines konkaven Spiegels

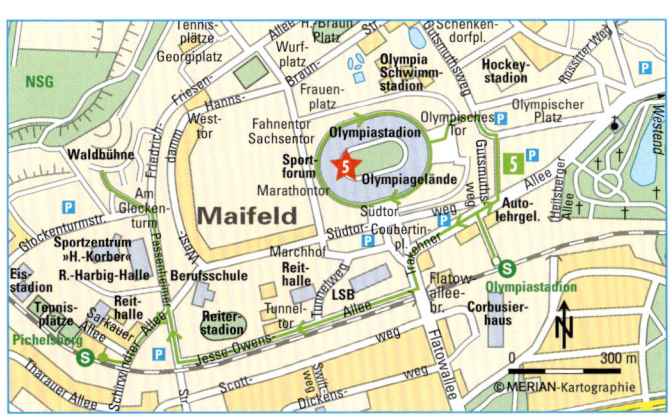

Der US-Amerikaner Jesse Owens (▶ S. 67) gewann vier Goldmedaillen und wurde damit zum Publikumsliebling der Olympischen Spiele von 1936.

gehalten und entzündet. Sie gaben die Fackel an den griechischen Sportler Konstantinos Kondylis weiter, der damit als erster Fackelläufer in die Annalen der olympischen Geschichte einging. Die deutschen Organisatoren hatten jedoch nichts dem Zufall überlassen, um auf die Welt einen exzellenten Eindruck zu machen. Sie ließen so weit möglich alle Spuren ihrer Vorhaben entfernen. Der »Stürmer«, antisemitisches Hetzblatt des fränkischen SA-Führers Julius Streicher, verschwand un-

ERSTES SPORT-FERNSEHEN

Zum ersten Mal wurden 1936 Olympische Spiele im Fernsehen übertragen. In sogenannten öffentlichen Fernsehstuben konnte man die Spiele verfolgen, wegen der schwachen Übertragungssignale jedoch nur in Berlin.

ter den Ladentischen. Antisemitische Parolen wurden aus der Öffentlichkeit entfernt, Judenverfolgung vorübergehend eingestellt. Dass in Berlin lebende Sinti und Roma in ein Lager nach Marzahn gebracht wurden, von wo aus sie später nach Auschwitz deportiert wurden, sah wohl keiner. Entgegen den deutschen Zusicherungen gab es in den deutschen Mannschaften, die zu den Spielen angetreten waren, keine Juden. Nur der Eishockeyspieler Rudi Ball, der als »Halbjude« den Berliner Schlittschuhclub bereits verlassen hatte und in Italien spielte, und die Florettfechterin Helene Mayer – als Halbjüdin in ihrem Offenbacher Fechtklub ausgeschlossen und mittlerweile dreimal amerikanische Meisterin – wurden aufgestellt, kamen zu den Spielen und fuhren unbehelligt wieder weg. Die einzige wirkliche Jüdin, die Hochspringerin

Muskelbepackte, steinerne »Herrenmenschen« (▶ S. 63) wie die Athleten von Karl Albiker erinnern an die NS-Vergangenheit.

Gretel Bergmann, ließ man bis 14 Tage vor den Spielen im Glauben, sie dürfe antreten. Aber dann entschied der Reichssportführer doch anders. Noch während der Olympischen Spiele machte sich die Legion Condor auf den Weg, um den Faschisten Franco im Spanischen Bürgerkrieg zu unterstützen.

Die Spiele wurden für die Gastgeber ein Erfolg. Deutschland, mit 406 Sportlern die größte der 46 teilnehmenden Nationen, gewann die Nationenwertung mit 33 Gold-, 26 Silber- und 30 Bronzemedaillen. Nur eins passte weder Hitler noch seinem Propagandachef Joseph Goebbels, die doch die Überlegenheit der weißen Rasse zelebrieren wollten, ins Konzept: Ausgerechnet der schwarze US-Amerikaner Jesse Owens wurde mit vier Goldmedaillen (über 100 m, 200 m, 4 × 100 m Staffel und im Weitsprung) zum Superstar und Publikumsliebling.

Im März 1945, als der Zweite Weltkrieg fast zu Ende und der Glanz der Olympischen Spiele vergessen war, starben hier Tausende Jugendliche, Mitglieder der Hitlerjugend, im Volkssturm. Das war das letzte Aufgebot von eigentlich kriegsuntauglichen alten Männern und Jugendlichen, deren Anführer Arthur Axmann und Carl Diem (Erfinder des Fackellaufs) sie als sogenannte letzte Reserve gegen die vorrückenden schwer bewaffneten russischen Panzertruppen in einen schon verlorenen Krieg schickten, um das von den Russen eingenommene Reichssportfeld zurückzuerobern.

Umbau für die neue Zeit

1974 wurde das Stadion für die Fußballweltmeisterschaft im selben Jahr zum Teil überdacht und fast 30 Jahre später schließlich bei laufendem Sportbetrieb umgebaut. Daniel Barenboim dirigierte am 1. August 2004 zur Wiedereröffnung.

Am 23. Juni 1996 kam ungewohnter Besuch: Einem Hubschrauber entstieg Papst Johannes Paul II. und ließ sich in seinem Papamobil ins Stadion fahren, vor dem diejenigen, für die die 74 500 Plätze nicht reichten, seinen Auftritt auf Videoeinwänden verfolgten. Der Papst sprach bei diesem Anlass zwei Priester selig, die sich mutig dem Nationalsozialismus entgegengestellt hatten, Bernhard Lichtenberg und Karl Leisner.

Das 112 000 m² große **Maifeld**, das hinter dem Marathontor liegt, war für Pferdedressur- und Polowettkämpfe gedacht und auch als Aufmarschplatz geplant. Später sollte es, darauf deutet der Name hin, für die Feiern zum 1. Mai genutzt werden. Auf den Wällen haben 60 000 Zuschauer Platz. Bis 1994 feierten die Berliner hier die Geburtstagspara-

den der britischen Königin, denn das Maifeld gehörte nach dem Zweiten Weltkrieg zum Areal der britischen Schutzmacht, die einen Teil für ihr Hauptquartier nutzte. Man kann das Gelände nicht zur Besichtigung betreten. Es ist nur bei Konzerten und Poloturnieren zugänglich.

Vom Führer- zum Glocken-Aussichtsturm

Um den gegenüberliegenden **Glockenturm** zu besuchen, verlässt man das Gelände des Olympiastadions und geht am Südtor vorbei die Jesse-Owens-Allee entlang zur Langemarckhalle an der Passenheimer Straße. Zäune verhindern links und rechts neben dem Glockenturm den Aufstieg zu den Maifeldtribünen. Die **Langemarckhalle** unter den Tribünen kann besichtigt werden. Hier gibt es eine Ausstellung zur Geschichte des Olympiastadions, und

Mit Geigerzählern fand man die vergrabene alte Olympia-Glocke. 1956 wurde sie vor dem Südportal des Stadions aufgestellt.

ein Film zeigt die Entwicklung. Die Halle ist dem Andenken der jugendlichen Freiwilligenregimenter gewidmet, die 1914 in der Schlacht von Langemarck bei Ypern in der belgischen Provinz Westflandern starben, ein von den Nazis als »Beispiel selbstlosen Opfermuts« ausgeschlachtetes Gemetzel. An zwölf Pfeilern ließen sie die 76 Fahnen der an der Schlacht beteiligten Regimenter anbringen.

Der heutige Glockenturm mit einem Querschnitt von 6×10 m, einst »Führerturm«, der aus der Halle herauszuwachsen scheint, ist erst 1960 bis 1962 nach einem Entwurf von Werner March auf den alten Fundamenten gebaut worden. Er schließt das Olympiagelände nach Westen ab und überragt mit seinen 77,17 m alle anderen Bauten. Oben (145 m über NN) werden Sie feststellen, dass alle Gebäude auf ihn ausgerichtet sind. Von hier aus wollte der »Führer« zu den Massen sprechen. Hier waren während der Olympischen Spiele Festleitung, Polizei, Sanitätsdienst, Rundfunk- und Filmanlagen untergebracht. Während des Krieges war das Reichsfilmarchiv im Turm eingelagert, ist aber nach Einmarsch der russischen Truppen verbrannt, vermutlich aus Unachtsamkeit. Bei diesem Brand wurden tragende Teile der Stahlskelettkonstruktion so deformiert, dass die Briten den Turm 1947 gesprengt haben.

Zum **neuen Glockenturm** fahren Sie mit einem Aufzug in der Langemarckhalle bis zur neuen Glocke, dann sind es noch 58 Stufen bis zur Aussichtsplattform, und Berlin liegt Ihnen zu Füßen. Für Knirpse gibt es Bänkchen, damit auch sie – bei klarer Sicht – bis ins Havelland im Wes-

PAPST JOHANNES PAUL II.:
»Genau an dem Ort, wo das NS-Regime vor 60 Jahren die Olympischen Spiele zu einem Triumph für seine menschenverachtende Ideologie nutzen wollte, an demselben Ort, wo (...) Menschen statt zum friedlichen Miteinander zu Hass und Feindschaft angestachelt wurden, triumphieren heute zwei selige Märtyrer.«
(Rede im Olympiastadion,
23. Juni 1996)

ten oder bis zu den Müggelbergen im Südosten sehen können. Schilder erklären Ihnen, was Sie vor sich sehen, wie den nahen Teufelsberg mit den alten amerikanischen Radaranlagen, die den Osten erkundeten.

Berlins schönste Freilichtbühne

Am Ausgang wenden Sie sich nach rechts, und wenn Sie die **Glockenturmstraße** einige Schritte entlanggegangen sind, begrüßen Sie gleich rechts monströse Figuren am Eingang der **Waldbühne**. Sie können sie nur bei Veranstaltungen betreten oder vom schmalen Weg neben dem Parkplatz in die **Murellenschlucht** hinuntersteigen und einen Blick hineinwerfen. Architekt Werner March hat die Bühne mit dem Olympia-Komplex als Kult- und Feierstätte der Nazis nach griechischem Vorbild als Amphitheater entworfen. Zunächst hieß sie noch Dietrich-Eckart-Bühne und wurde mit dessen »Frankenheimer Würfelspiel«, einem Singspiel, eröffnet. 1936 fanden hier hauptsächlich Boxkämpfe statt. Nach dem Krieg übernahmen die Briten das Areal, gaben

Ob Oper, Rockkonzert oder Filmvorführung: Die Waldbühne (▸ S. 69) bietet eine romantische Kulisse für laue Sommerabende.

es aber manchmal für öffentliche Nutzung frei, und so wurde weiter geboxt, bis man 1960 die Qualitäten als Konzertbühne entdeckte.

Kleinholz für die Stones

Es wurde eine kurze Konzertperiode, die am 15. September 1965 ihren Höhepunkt erfuhr und auch gleich endete. 21 000 Menschen waren zu einem Konzert der Rolling Stones in die Waldbühne gekommen, hatten die für diese Zeit üppigen 20 DM Eintritt bezahlt – und nach 25 Minuten war das Konzert zu Ende, weil Besucher auf die Bühne stürmten. Die Menge forderte eine Zugabe, doch man hatte beschlossen, die Leute nach Hause zu schicken, und knipste das Licht aus. Nun schlug die entfesselte, wütende Menge die Bänke kurz und klein. 300 000 DM Schaden – auch viel für jene Zeit. In der S-Bahn gingen Keilerei und Zerstörungen weiter. Zeitungen im Westen berichteten von der »Zerstörungswut hemmungsloser Jugendlicher«. Im Osten nutzte Walter Ulbricht den Anlass für ein Verbot von Beatbands DDR-weit. Man müsse nicht »jeden Dreck vom Westen« kopieren.

Erst 1978, 13 Jahre später, gab es wieder Konzerte in der Waldbühne. Ihr Durchbruch als international bekannte Open-Air-Arena kam im Mai 1980 mit einem Konzert der Reggae-Legende Bob Marley.

Opfer vom Murellenberg

Sind Ihnen am Beginn des Weges in die Schlucht die großen Verkehrsspiegel links und rechts aufgefallen? Ihre Reihe setzt sich auf dem Weg hinunter fort. Sie sind **Denkzeichen** zur Erinnerung an die Ermordeten der Militärjustiz am Murellenberg. Zwischen 12. August 1944 und 14. April 1945 wurden in der Nähe etwa 230 Deserteure, Kriegsdienstverweigerer und Befehlsverweigerer unterschiedlicher Dienstgrade mehrheitlich nach Urteilen des Reichskriegsgerichts standrechtlich erschossen. Wer weder Höhenangst noch Klaustrophobie kennt, kann sich für eine Technikführung mit Gang aufs Dach anmelden, ein Highlight für viele Besucher. Erst 1998 hob der Deutsche Bundestag die rechtsstaatlichen Entscheidungen der NS-Terrorjustiz per Gesetz auf und sprach den Opfern »Achtung und Mitgefühl« aus.

Folgen Sie nun der Schirwindter Allee zum S-Bahnhof Pichelsberg, wo das Ende des Spaziergangs erreicht ist.

SEHENSWERTES

Glockenturm ▸ S. 136, westl. A 3
Von der Aussichtsplattform bietet sich ein herrlicher Blick über die Stadt. Langemarckhalle • www.glockenturm.de • April–Okt. tgl. 9–18 Uhr (witterungsabhängig) • Eintritt 4,50 €, Kinder 3 €

Olympiastadion ▸ S. 136, westl. A 3
Geschichtsträchtiger Ort, sehenswerte Architektur. www.olympiastadion-berlin.de • Info-Hotline 25 00 23 22, Besucherzentrum am Osttor • Besichtigung Nov.–März 10–16, April–Okt. 9–19, Aug. 9–20 Uhr • keine Besichtigung an Spiel- und Veranstaltungstagen • Führung (Stadion, Umkleideräume, VIP- und Pressebereich) Winter 11, sonst tgl. 11, 13, 15 und 17 Uhr (Aug.) • Eintritt 7 €, erm. 5,50 €, Kinder 4 €, Fam. (2 Erw., 3 Kinder) 16 €, Multimedia Guide 4 € (auch als Stadion App), Führung 11 €, erm. 9,50 €, Kinder 8 €, Fam. 24 € • Architektur- und Geschichtstour Ende März–Okt. So 13.30 Uhr, Hertha-BSC-Tour Do 13.30, öffentliches Training Do ab 15.30 Uhr

Sportmuseum ▸ S. 136, westl. A 3
Was von Olympia blieb und Spannendes z. B. über Laufsport aus aller Welt. Olympiapark, Hanns-Braun-Str. • www.sportmuseum-berlin.de • Mo–Fr 10–14 Uhr • Eintritt 1 €

ESSEN UND TRINKEN

Café K ▸ S. 142, westl. A 13
Am Kolbemuseum. Im ehemaligen Wohnhaus des Bildhauers Georg Kolbe oder im Skulpturengarten am Brunnen sitzen. Günstige Mittagsgerichte. Sensburger Allee 26 • S-Bahn: Heerstraße, Bus 149 • Tel. 30 81 22 75 • www.cafe-k.com • Di–So 10–18, Sommer Sa, So bis 22, Mittagstisch 13–18 Uhr • €

Preußisches Landwirtshaus ▸ S. 136, westl. A 3
In diesem traditionellen Wirtshaus, nur wenige Schritte vom Olympiastadion entfernt, wird gute Hausmannskost serviert. Flatowallee 23 • Tel. 3 04 40 23 • www.preussisches-landwirtshaus.de • Mo–Sa 17–22, So 12–22 Uhr • €€

Untergang einer »Welthauptstadt«
Machtzentrum der Nazis in Berlin

Am 3. Februar 1945 heulten die Sirenen, es war der 288. Fliegeralarm für die Reichshauptstadt Berlin. Nachdem die US Air Force die Stadt bombardiert hatte, waren die Regierungsbauten der Nazis in der Wilhelmstraße zerstört. Es gab keine Bahnhöfe mehr, keine Altstadt, und in der ehemaligen Prachtstraße Unter den Linden rauchten die Trümmer. Der Krieg, in Berlin geplant, war in die Stadt zurückgekehrt.

◄ Das Holocaust-Mahnmal (▶ S. 79) erinnert an die ermordeten Juden aus ganz Europa.

START	S-Bahn: Anhalter Bahnhof
ENDE	Holocaust-Mahnmal, S-Bahn: Unter den Linden
DAUER	2,5 Stunden

Wenn Sie am Anhalter Bahnhof aus der S-Bahn steigen, scheinen Sie schneller im Gestern angekommen zu sein, als Sie vielleicht ahnten. Sie lesen den Namen auf dem Schild in Fraktur, einer heute kaum noch benutzten Schrift. Folgen Sie dem Ausgang Stresemannstraße. Am **Askanischen Platz** sehen Sie nur noch das Fragment eines Portals, den letzten Rest des 1880 eröffneten pompösen **Anhalter Bahnhofs**. Nur notdürftig wurde die nach Bombenangriffen fast völlig zerstörte Halle nach dem Krieg wieder hergerichtet, aber 1959 dann doch gesprengt.

Folgen Sie nun der **Stresemannstraße**, die Anhalter-Ruine im Rücken, in nördlicher Richtung. Links an der Schöneberger Straße ragt ein **Hochbunker** aus den Büschen, der bis zu 12 000 Menschen Schutz vor Bombenangriffen geben sollte. Lange warb hier ein »Gruselkabinett« mit Bunkerflair.

Hinter dem Schild »Bannkreis« auf der östlichen Straßenseite bewegen Sie sich auf Regierungsgelände. Im **Europahaus** ist das Bundesministerium für wirtschaftliche Zusammenarbeit und Entwicklung untergebracht. Gleich dahinter können Sie nach rechts auf das Gelände des **Martin-Gropius-Baus** einbiegen. Sehen Sie an den Mauern Einschusslöcher und Dellen, die der Krieg hinterließ? Das ehemalige Königliche Kunstgewerbemuseum, von 1877 bis 1881 von Martin Gropius im Neorenaissancestil errichtet, sollte das preußische Handwerk mit schönen Waren aus aller Welt zum Nacheifern ansporgen, entsprechend auch der Fassadenschmuck mit Bildern von Eisenschmieden, Glasbläsern und Korbflechtern. Das Gebäude wurde im Krieg schwer beschädigt, wiederaufgebaut und dann

ANHALTER BAHNHOF

Das »Wochenblatt für Architekten und Ingenieure« schwärmte von der Eingangshalle, die mit mehr als 60 m breiter war als die Straße Unter den Linden und mit 34,25 m die »höchste Halle der Welt« aus Glas und Stahl. Der komplette Markusplatz von Venedig hätte hineingepasst.

noch einmal bis 1999 für Großausstellungen mit repräsentativem Lichthof restauriert. Als Berlin geteilt war – Sie sehen auf der Fahrbahn vor dem Museum einen Kupferstreifen, der den Mauerverlauf markiert –, befand sich der Haupteingang auf der Rückseite. Jetzt ist er wieder dem **Gebäude des ehemaligen Preußischen Landtags** auf der anderen Straßenseite zugewandt. Dort gründeten im Januar 1919 Rosa Luxemburg und Karl Liebknecht die KPD und tagen seit 1993 die Mitglieder des Berliner Abgeordnetenhauses.

Topographie des Terrors

Mit dem Gelände neben dem Gropiusbau erreichen Sie an der **Niederkirchnerstraße**, benannt nach der 1944 im KZ Ravensbrück hingerichteten Widerstandskämpferin Käthe

Niederkirchner, an einem der wenigen originalen Mauerstücke der Stadt, Berlins wichtigstes Dokumentationszentrum der Nazizeit, die **Topographie des Terrors**. Die Straße, damals Prinz-Albrecht-Straße, begrenzte von 1933 bis 1945 mit der Wilhelmstraße und der Anhalter Straße das Prinz-Albrecht-Gelände, auf dem die Kommandozentrale des nationalsozialistischen Verfolgungs- und Terrorapparates lag. Nach jahrzehntelanger erfolgreicher Verdrängung wurde im Dezember 1997 in den Ausgrabungen dieser Täter-Orte eine Open-Air-Ausstellung zur Verfolgung und Ermordung von Menschen in ganz Europa eröffnet.

Gestapo-Zentrale

Vor den Tafeln der Ausstellung mit Fotos, Dokumenten und Erläuterungen stehen Sie auf dem Kellerboden der Kunstgewerbeschule, dem späteren Museum für Vor- und Frühgeschichte, wo Innenminister Hermann Göring im April 1933 **das Geheime Staatspolizeiamt** eingerichtet hatte. Unter der Leitung von Heinrich Himmler und Reinhard Heydrich sollten Hunderte Beamte dafür sorgen, »alle staatsgefährlichen Bestrebungen im gesamten Staatsgebiet zu erforschen und zu bekämp-

fen«. Dazu wurden im Keller, so in den Bildhauerwerkstätten, Gefängniszellen eingerichtet, in denen Verhöre unter Anwendung besonders brutaler Foltermethoden durchgeführt wurden. Die meisten Gefangenen verließen die Prinz-Albrecht-Str. 8 auf dem Weg ins Gefängnis oder ins Konzentrationslager, viele von ihnen auf den Friedhof. Die Opfer der Gestapo waren in den ersten Jahren vor allem Kommunisten, Sozialdemokraten und Gewerkschafter, Mitglieder von Widerstandsorganisationen, Zeugen Jehovas und Kirchenvertreter. Von 1938 an übernahm die Geheime Staatspolizei die judenfeindlichen Kampagnen, für die bis dahin staatliche und Parteidienststellen verantwortlich waren.

Raum für »Reinrassige«

Das **Hotel Prinz Albrecht** nebenan wurde 1934 zum Dienstsitz Heinrich Himmlers als Reichsführer der SS. Seine Aufgabe war u.a. die Schaffung eines »reinrassigen« Deutschlands durch systematische Verfolgung der Juden, die er in Erlassen regelte: »Deutsche Frauen und Mädchen, die mit Kriegsgefangenen in einer Weise Umgang pflegen, die das gesunde Volksempfinden gröblich verletzt, sind bis auf Weiteres in Schutzhaft zu nehmen und für mindestens ein Jahr einem Konzentrationslager zuzuführen.« Das »Volksempfinden« war schnell verletzt, schon bei gemeinsamen Festen. Neben dem Hotel Prinz Albrecht, schon in der Wilhelmstraße, beherbergte das **Reichssicherheitshauptamt** fast alle Exekutivorgane. Hier stand auch das »Angriff-Haus«, in dem das von Goebbels 1927 gegründete Propagandablatt »Der Angriff«

herausgegeben wurde, das Hetzartikel gegen Gegner des Nationalsozialismus veröffentlichte.

Biegen Sie, wenn Sie das Ende der Niederkirchnerstraße erreicht haben, links in die **Wilhelmstraße** ein.

Gebaute Gewalt

Zwei Jahre lang, von 1935 bis 1936, wurde das **Reichsluftfahrtministerium** nach Entwürfen von Ernst Sagebiel errichtet, dann war es mit 2000 Zimmern das größte Regierungsgebäude Berlins. Die Treppengeländer bestanden aus Flugzeugaluminium, und Leuchten wie Flakscheinwerfer warfen Licht auf die Leipziger Straße. In DDR-Zeiten war das Riesengebäude Haus der Ministerien, nach dem Mauerfall wickelte die Treuhand hier bis 1995 DDR-Betriebe ab. Heute beherbergt

es das **Bundesministerium der Finanzen**. An der Leipziger Straße ist es seit 1952 mit einem großen **Wandbild** des Malers Max Lingner mit froher sozialistischer Jugend auf Meißner Fliesen geschmückt. Der Platz davor erinnert seit 2013 an den Volksaufstand in der DDR von 1953. Das riesige Luftfahrtministerium gibt heute eine – wenn auch bescheidene – Vorstellung davon, wie Hitler seine größenwahnsinnige Idee von einer Welthauptstadt Germania des »Großgermanischen Reichs« plante, die ihm sein Lieblingsarchitekt Albert Speer entwarf. Mit 29 Jahren war Speer »Architekt des Führers« geworden, drei Jahre später hatte Hitler ihn zum Generalbauinspekteur für die Reichshauptstadt ernannt, 1942 wurde er Rüstungsminister. Bei den Nürnberger Prozessen

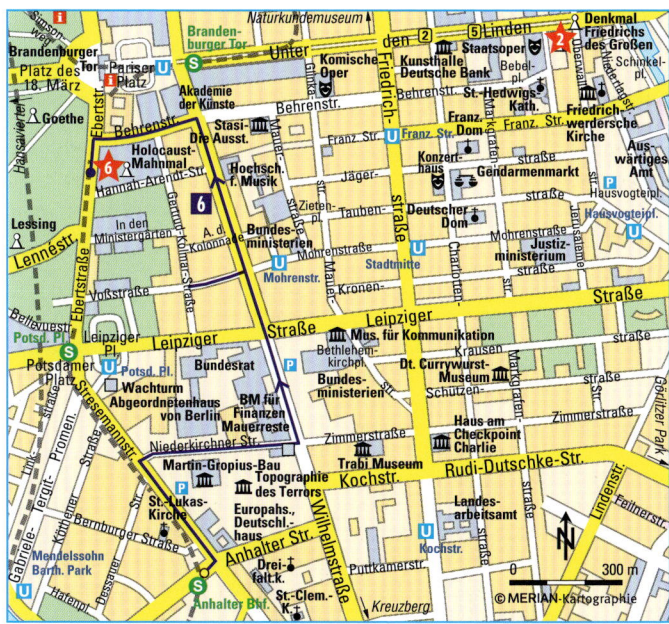

Die Ausstellung »Topographie des Terrors« (▶ S. 73) dokumentiert auf historischem Gelände die Verfolgung von Millionen Menschen in ganz Europa.

wurde er zu 20 Jahren Zuchthaus verurteilt, 1966 entlassen. Er starb im September 1981 in London.

Autobahnringe und nationalsozialistische Repräsentationsbauten waren im Bezirk Tiergarten vorgesehen. Die »Große Halle«, ein 320 m hoher Dom (zum Vergleich: der Fernsehturm am Alexanderplatz misst 368 m) für bis zu 180 000 Menschen, sollte an einem Ende einer 120 m breiten Nord-Süd-Achse, südlich des Brandenburger Tors, stehen und ein gewaltiger Triumphbogen – 50-mal größer als der in Paris – in 5 km Entfernung am anderen Ende in Höhe der Kolonnenbrücke in Schöneberg. Nach antikem Vorbild sollten die Monumentalbauten aus unzerstörbaren Granitblöcken entstehen, damit sie auch nach 1000 Jahren noch die große Vergangenheit des Landes bezeugen könnten. Ganze Stadtviertel wurden dafür ab-

gerissen, wie etwa das um die Matthäuskirche am Kulturforum, und 70 000 Berliner Juden wurden »entmietet«. KZ-Häftlinge schufteten in Steinbrüchen an der »Zukunft«. 1938 begann die Umgestaltung im Diplomatenviertel am Tiergarten an der Ecke Thomas-Dehler-Straße mit der neuen italienischen und einer riesigen spanischen Botschaft. Zu Beginn des Kriegs waren die ersten acht Botschaftsgebäude fertig. Ein 40 000 t schwerer Groß- bzw. Schwer- belastungskörper aus Beton wurde zu Testzwecken an die General-Pape-Straße gestellt. Er soll um 20 cm eingesunken sein.

Die »Meile der Macht«

So groß die Pläne waren, so öde erleben Sie heute die Wilhelmstraße. Sie gehen an zugenagelten Höfen vorbei, an Baustellen und DDR-Plattenbauten. Als die Wilhelmstraße in der

Ein Bild der Zerstörung: das Reichstagsgebäude nach dem Zweiten Weltkrieg. Die Freiflächen dienten der hungernden Bevölkerung zum Anbau von Kartoffeln.

Weimarer Republik noch die repräsentative **Meile der Macht** war, wurde sie mit der Londoner Downing Street verglichen und mit dem Pariser Quai d'Orsay. Im Bombenhagel des Zweiten Weltkriegs wurde sie in Schutt und Asche gelegt und ist seitdem in Bedeutungslosigkeit versunken. Biegen Sie links in die **Voßstraße** ein. Hier baute Albert Speer in nur zwölf Monaten bis Anfang 1939 die **Neue Reichskanzlei,** die mit 421 m Länge die gesamte Nordseite der Straße einnahm und an einer Hermann-Göring-Straße endete.

Gäste des Hauses mussten den 300 m langen »Diplomatenweg« mit einer 146 m langen Marmorgalerie zurücklegen, eine Strecke, die sowohl einschüchtern als auch Respekt vor dem »Führer« hervorrufen sollte. Dessen 400 m² großes Arbeitszimmer, 10 m hoch und mit Marmor verkleidet, sollte Würde ausstrahlen. Auf so-

wjetischen Befehl wurden im Oktober 1948 alle Gebäudereste der Voßstraße abgeräumt. Den Marmor aus Hitlers Neuer Reichskanzlei finden Sie allerdings im U-Bahnhof Mohrenstraße und den Granit beim sowjetischen Ehrenmal im Treptower Park wieder. Im Garten, der an die Rückseite der Neuen Reichskanzlei in der Voßstraße grenzte, lag der bereits 1935 angelegte **Führerbunker**. Heute gibt es hier nichts mehr zu sehen. Eine Informati-

DEUTSCH-RUSSISCHES MUSEUM

In Karlshorst, wo die Alliierten in der Nacht vom 8. auf den 9. Mai 1945 die bedingungslose Kapitulation der Oberbefehlshaber der Wehrmacht entgegennahmen, eröffnete die Sowjetische Militäradministration 1967 das »Museum der bedingungslosen Kapitulation«.

Nur ein Fragment des ehemals riesigen Portals des Anhalter Bahnhofs (▶ S. 73) ist erhalten geblieben und erinnert an die glanzvollen Zeiten von anno dazumal.

onstafel gibt Auskunft über den Ort, an dem sich Adolf Hitler und seine einen Tag zuvor angetraute Frau Eva Braun am 30. April 1945 das Leben nahmen, um nicht »in Moskau als Trophäe ausgestellt« zu werden. Gehen Sie zurück in die Wilhelmstraße. Am Wilhelmplatz auf der Ostseite der Straße, wo im Palais des Prinzen Karl einmal die Presseabteilung des Auswärtigen Amtes der Weimarer Republik gearbeitet hatte, übernahm das 1933 von Reichspräsident von Hindenburg per Erlass errichtete Reichs-

GOEBBELS-BUNKER

Bei Baubeginn des Holocaust-Mahnmals im Jahr 1997 stießen Arbeiter auf eine Betonschicht – sie lag über dem Privatbunker von Joseph Goebbels, dessen Stadtvilla einst hier gestanden hatte.

ministerium für Volksaufklärung und Propaganda unter Joseph Goebbels in der **Reichskulturkammer** die Kontrolle über Presse, Literatur, Kunst, Film, Theater und Musik. Wer in irgendeiner Form von den staatlich festgesetzten Richtlinien abwich, musste mit Sanktionen rechnen, die vom Ausschluss aus der Kammer bis zur Einweisung in Konzentrationslager reichten. Die Wilhelmstr. 63/64, das ehemalige **Büro des preußischen Ministerpräsidenten**, bezog 1935 Rudolf Heß mit seinem »Stab des Stellvertreters des Führers«. Der Informationstafel am Ort ist zu entnehmen, dass der Präsident des Preußischen Staatsrates, der Kölner Oberbürgermeister Konrad Adenauer, die Räume 1932 eine Weile genutzt hatte. Auf der anderen Straßenseite, Wilhelmstr. 72, befand sich seit 1920 das **Kriegsernährungsamt**, in das im Januar 1933 Alfred Hugenberg als Minister für Ernährung und Landwirtschaft und Reichswirtschaftsminister zog. Nach seinem Rücktritt übernahm Richard Walther Darré das Amt. Die Formel »Blut und Boden« stammt von Darré, eine rassistische Utopie, die zu einer neuen »Herrenrasse« führen sollte.

An der Ecke Behrenstraße biegen Sie links ab und gelangen zum **Holocaust-Mahnmal** ⭐ an der Ebertstraße, das am 10. Mai 2005, nach dem 60. Jahrestag der Befreiung vom NS-Regime, eröffnet wurde und an die Ermordung von sechs Millionen Juden in Europa erinnert. Auf dem 19 000 m² großen Gelände der einstigen Ministergärten stehen nach einem Entwurf des US-amerikanischen Architekten Peter Eisenman 2711 verschiedene, bis zu 5 m hohe Betonstelen, die, von oben gesehen, das Bild eines vom Wind bewegten Meeres ergeben.

SEHENSWERTES

Holocaust-Mahnmal ▶ S. 139, F 8

Im Raum der Information wird die Geschichte jüdischer Familien erzählt, und Namen und Kurzbiografien von 720 ermordeten Menschen sind zu hören.
Ebertstraße • www.holocaust-denkmal-berlin.de • tgl. 24 Std., Ort der Information April–Sept. Di–So 10–20, Okt.–März 10–19 Uhr • Eintritt frei, Audio- und öffentliche Führungen auf Deutsch und Englisch

Schwerbelastungskörper ▶ S. 145, E 20

14 m über dem Boden, 18 m darunter und mit einem Durchmesser von 21 m steht der Betonzylinder an der Straße als Testbau für Hitlers »Germania«. Info-Pavillon und Turm mit Aussichtsplattform.
General-Pape-Straße/Loewenhardtdamm • S 1: Julius-Leber-Brücke, Bus 104 • www.schwerbelastungskoerper.de • April–Okt. Di, Mi 14–18, Do 10–18, So 13–16 Uhr, Führung So 12 Uhr • Eintritt frei

Topographie des Terrors ▶ S. 145, F 17

Eine Dauerausstellung informiert seit 1987 über die Einrichtungen des Verfolgungsapparats der NS-Zeit.
Niederkirchnerstr. 8 • U-Bahn: Mohrenstraße • www.topographie.de • tgl. 10–20 Uhr • Führungen nach Vereinbarung • Eintritt frei

ESSEN UND TRINKEN

Viale dei Tigli ▶ S. 139, F 8

Hausgemachte Pasta, gelungene Desserts und wechselnde Mittagskarte mit italienischen und sardischen Gerichten.
Wilhelmstr. 75 • Tel. 2 29 74 05 • www.ristorante-viale.de • tgl. 12–24 Uhr • €€

Café im Martin-Gropius-Bau ▶ S. 145, F 17

Schöner Ort für die Kaffeepause, im Sommer unter Bäumen.
Niederkirchnerstr. 7 • Mi–Mo 10–20 Uhr • €

Auferstanden aus Ruinen
Karl-Marx-Allee in Friedrichshain

Natürlich sollte mit dem Bau der 2,3 km langen Karl-Marx-Allee, einst Stalinallee, die Überlegenheit des Sozialismus gegenüber dem Kapitalismus des Westens bewiesen werden. Obwohl das gebaute Pathos der »Wohnpaläste für Arbeiter« an der überschätzten Wirtschaftskraft der DDR scheiterte, ist sie doch ein imposantes Stück Zeitgeschichte. Dazu gehört auch, dass hier der Arbeiteraufstand des 17. Juni 1953 begann.

◄ Seinen Namen erhielt der Platz Frankfurter Tor (▶ S. 82, 89) nach der Stadt Frankfurt an der Oder.

START U-Bahn: Strausberger Platz
ENDE U-Bahn: Frankfurter Tor
DAUER 1,5 Stunden

Um den Brunnen am Strausberger Platz brausen mehrspurig Autos, biegen aus dem Kreis in vier Richtungen und nehmen an manchen Tagen den Fußgängern geradezu die Luft zum Atmen. Zwei Hochhäuser bilden ein Tor in Richtung Alexanderplatz, neben ihnen geben niedrigere konkave Bauten ein Rund vor und verleihen dem Platz seine Geschlossenheit. Das Torhaus auf der südlichen Straßenseite wurde am fünften Gründungstag der DDR, am 7. Oktober 1954, als Haus des Kindes, eingeweiht. Links neben der Tür erinnert noch ein buntes Medaillon daran, rechts in Augenhöhe lesen Sie auf einer Gedenktafel, dass Wilhelm Pieck, der erste Präsident der DDR, das Ereignis mit seiner Anwesenheit beehrte. Für Generationen von Kindern und Eltern war dieses Hochhaus das Schönste am Berlinbesuch. Die Räume waren mit Mosaiken und Stuck geschmückt. Im zweiten und dritten Stock gab es das Kaufhaus mit Kinderkonfektion, Spielwaren und Schulbedarf, in der ersten Etage eine Kindertagesstätte und im Keller ein Puppentheater. Vom Kindercafé in der 13. Etage – »Erwachsene nur in Begleitung von Kindern« – konnte man über fast ganz Berlin gucken – bis 1990.

Einst die Große Frankfurter Straße

Der Architekt dieses Ensembles war Hermann Henselmann (1905–1995),

der vermutlich bekannteste DDR-Planer der Nachkriegszeit, der den Wiederaufbau vieler Städte in der DDR mitgeprägt hat. Der einstige Bauhäusler legte der Parteiführung zunächst Pläne zum Neuaufbau der DDR-Hauptstadt vor, von denen es aber hieß, sie entsprächen nicht dem Empfinden der Arbeiterklasse. Da bewies der Architekt, dass er auch anders konnte, und galt von da an vielen als Wendehals. Sie werden bei diesem Spaziergang erkennen, wie sehr Henselmanns Handschrift das Bild der Straße gezeichnet hat.

NACHBARN

Alfred Döblin in seinem Roman »Berlin Alexanderplatz«: »Das rebelliert, konspiriert, brütet rechts, brütet links, demonstriert. Mieter, Hausbesitzer, Juden, Antisemiten, Arme, Proletarier, Klassenkämpfer, Schieber, abgerissene Intellektuelle, (...), Oberlehrer, Elternbeiräte, Gewerkschaften, 10 000 Zeitungen, 20 000 Berichte, fünf Wahrheiten.«

Das **Haus Berlin** gegenüber dem Haus des Kindes – einst mit Gaststätte im Erdgeschoss, Tanzcafé darüber und Weinrestaurant im zwölften Stock – lockte die Erwachsenen an. Sie waren hier zu Beginn der 1950er-Jahre Zeugen einer Revolution im Städtebau. Links und rechts der nach Osten führenden Großen Frankfurter Straße, wie die Ausfallstraße hinter dem Strausberger Platz hieß, und ihrer Fortsetzung, der Frankfurter Allee, lebten vorwiegend ärmere Leute in engen Mietskasernen mit düsteren Hinterhöfen. Über die Große Frankfurter Straße

GEGENENTWURF HANSAVIERTEL

Dem »Zuckerbäckerstil des Arbeiter-boulevards« im Osten setzte der Westen sein Bekenntnis zu »Freiheit und Moderne« entgegen. Im Hansaviertel des Tiergartens verwirklichten Architekten wie Alvar Aalto, Walter Gropius, Egon Eiermann, Le Corbusier und Max Taut ab 1957 ihre Ideen bei der Internationalen Bauausstellung.

war die Rote Armee mit ihren Panzern ins zerstörte Berlin gerollt. Aber da war die Straße kaum mehr als ein Trümmerhaufen. Am 21. Dezember 1949 weihten die deutschen Genossen ihre kaputt geschossene Straße dem Diktator der Sowjetunion Josef Stalin zum 70. Geburtstag und tauften sie um in **Stalinallee**. Dieser Name sollte zu etwas Großartigem verpflichten.

Moderner Beginn

Wilhelm Pieck hatte noch den Grundstein für die 1949/50 errichtete »**Wohnzelle Friedrichshain**« (Karl-Marx-Allee 102/104, 126/128) gelegt. Damit sollte das Modell einer aufgelockerten Stadtlandschaft realisiert werden, etwa so, wie Hans Scharoun es entworfen hatte: nestartig angeordnete Häusertypen und Laubenganghäuser im Stil des Neuen Bauens der 1920er-Jahre, die gemeinschaftsfördernd wirken sollten. Doch war der Beginn gleichzeitig auch das Ende aller bisherigen Planungen, denn zur selben Zeit hatten sich Funktionäre und Architekten in Moskau auf einen neuen Städtebau nach sowjetischem Vorbild eingeschworen. Im Osten sollte sichtbar das bessere, das menschen-freundlichere Deutschland aufgebaut werden. Über den Weg dorthin gab es allerdings Meinungsverschiedenheiten. Im April 1950 wurden Baufunktionäre und Architekten zu einer Reise in die Sowjetunion geschickt, wo sie das sozialistische Bauen studieren sollten. Die großräumig komponierte Stadt, hierarchisch strukturiert und zentral organisiert, war zum Leitbild des Wiederaufbaus geworden.

Großräumig komponiert

Die enorme Breite der **Karl-Marx-Allee** von 90 m war weniger für den Verkehr als für die vorgesehenen Aufmärsche und Paraden geplant. Der grüne Mittelstreifen ist ganz offensichtlich nicht für Spaziergänger angelegt. Am Strausberger Platz im Westen und am **Frankfurter Tor** im Osten flankieren Hochhaustürme die Straße wie gewaltige Tore. Auch wenn die Nordseite der Straße die schönere ist, sollten Sie zunächst auf der Südseite bleiben. Die Straße ist nicht chronologisch, also von Westen nach Osten oder umgekehrt, bebaut worden. Sie werden daher Brüche im architektonischen Konzept bemerken, die auch nicht immer mit der Bauzeit zusammenhängen. Den Wettbewerb zur Bebauung dieses Abschnitts bis zur Andreasstraße hatte Egon Hartmann gewonnen. Wie in anderen »Aufbaustädten« sollten bei der architektonischen Gestaltung der Magistralen und Plätze Bauformen eines sowjetisch geprägten Neuklassizismus durch regionale Bauelemente ergänzt werden. War das in Rostock die nordische Backsteingotik, so war es in Berlin der Klassizismus Schinkels. Die Häuser, gewaltige Blocks von

200 bis 300 m Länge, sind mit Säulen, Gesimsen, Balustraden dekoriert, vor den französischen Balkonen sind schmiedeeiserne Gitter angebracht, die Fassaden mit Meißner Kacheln verblendet. Schauen Sie hinüber auf die Nordseite. Der Häuserblock ist bis zum Dezember 2000 saniert worden.

Die Straße sollte mit repräsentativen Geschäften mit großem Sortiment, Cafés und Gaststätten reichlich ausgestattet werden. »Mit der U-Bahn-Linie E zu den Läden der Allee« hieß der Werbeslogan für die Geschäfte der Stalinallee. Tatsächlich gab es hier Waren, die man sonst kaum fand: Riesling aus Rumänien, Rotwein aus Ungarn, Zigaretten aus Bulgarien und Kaffee aus Brasilien, und die Restaurants der Straße trugen klangvolle Namen wie »Warschau«, »Bukarest« und »Budapest«. Was man nicht sah: Schon nach der Fertigstellung hatten sich die Läden als Problem erwiesen, sie waren zu klein oder zu niedrig, es mangelte an Lager- oder Kühlräumen, und es rächte sich, dass es kein sinnvolles Konzept gab. Die Bauzeiten wurden nicht eingehalten, und im März 1953 bemängelte das »Neue Deutschland«: »Waren es im vergangenen Jahr die fehlenden Fliesenleger, das Wetter und die Mauerfeuchtigkeit, so sind es in diesem Jahr die Kabelgräben oder Travertinplatten.«

Platte als Lückenfüller

Gleich hinter der ersten Querstraße überraschen schlichte Plattenbauten, wenn auch renoviert. Verschwunden ist die Deutsche Sporthalle, 1951 in nur 148 Tagen für die »III. Weltfestspiele der Jugend und Studenten« nach den Plänen des Architekten Richard Paulick in monumentalem Stil errichtet. Aber wie: Das Stahlskelett einer ausgebrannten Schlachthalle kam vom Zentralviehhof und wurde umgebaut, die Travertinverkleidung stammte aus Lagerbeständen, zur künstlerischen Gestaltung ließ man Betonabgüsse der Figuren vom Schlüterportal des Schlosses machen. Als Sporthalle genutzt wurde das Bauwerk nie. 1968 wurde es aus baupolizeilichen Gründen gesperrt und 1972 abgerissen. Gegenüber, auf der Nordsei-

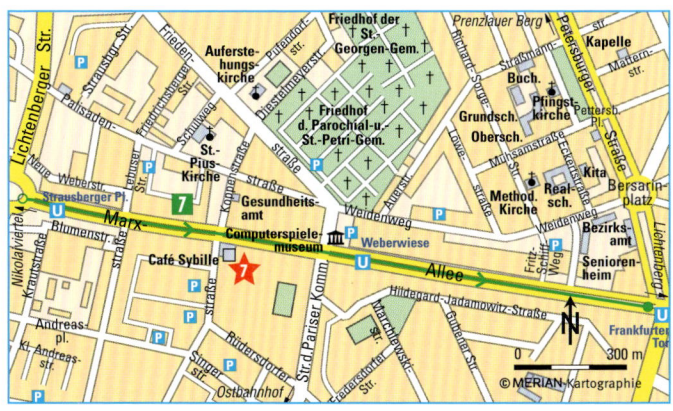

Zwei 14-stöckige, Anfang der 1950er-Jahre erbaute Gebäude, das Haus Berlin (li.) und das Haus des Kindes (re.), dominieren den Strausberger Platz (▸ S. 81).

te, sollte eigentlich das »Haus des deutschen Sports« entstehen. Es wurde nie gebaut, aber im August 1951 wurde hier ein Bronzestandbild Stalins, ein Geschenk der Sowjetunion, aufgestellt, das erst zehn Jahre später genauso sang- und klanglos verschwand wie die Straßenschilder. Es wurde wohl zur Figur für den Tierpark umgeschmolzen. Auf der Nord- wie auf der Südseite wurden nun schlichtere Plattenbauten errichtet. Sie entstanden schon auf der Karl-Marx-Allee, wie die Stalinallee seit dem 13. November 1961 heißt. Zwischen Koppenstraße und Straße der Pariser Kommune stehen Sie nun vor einem der imposantesten Blöcke, wieder nach Plänen Richard Paulicks entstanden und von 1995 bis 1997 samt seinem Rosettenschmuck saniert. Im **Café Sibylle** ⭐, einst »Milchtrinkhalle« auf der Nordseite, können Sie sich über die

Geschichte der Straße informieren. Die Karl-Marx-Buchhandlung packte nach 55 Jahren die Bücher ein, geblieben ist ein feiner Literatur-Salon bei Hamburger Werbefilmern. Achten Sie auf die Tafel neben dem Säuleneingang, die vom Rose-Theater berichtet, das hier 1906 »für die kleinen Leute« eingerichtet worden war und im Sommer mit einem Biergarten im Hof lockte. »Schmalzstullentheater« sagte man zu solchen Einrichtungen, die auf der neuen Magistrale dann keinen Platz mehr hatten.

Wechseln Sie die Straßenseite, im Norden ist der Häuserblock etwa 30 m zurückversetzt, ein Grünstreifen neben einem ungepflasterten Weg vermittelt das Gefühl eines geräumigen Boulevards. Wo heute ein Küchenladen seine Produkte anbietet, standen vor 25 Jahren in der »Jugendmode« nicht nur junge Leute nach West-Jeans an.

Im Café Sybille (▸ S. 84) gibt es wieder Schwedeneisbecher und überdies eine sehenswerte Ausstellung zur Geschichte der Stalinallee.

Bleiben Sie auf der Nordseite mit den offensichtlich klassizistischen Anklängen der Gebäude des Architekten Kurt W. Leucht (1913–2001).

Ein weißer Schwan

Dort steht das **Hochhaus an der Weberwiese**, gegenüber dem zuvor erwähnten Laubenganghaus »Wohnzelle Friedrichshain« – und neben einer Parkanlage namens Rosengarten von 1954. Das Hochhaus, in dem 1952 nach nur acht Monaten Bauzeit 33 Wohnungen bezogen wurden und das sein Architekt Henselmann als den »weißen Schwan, der aufsteigt aus den Trümmern Berlins«, beschrieb, hatte den Durchbruch zu einer an der nationalen Tradition orientierten Baukunst markiert.

Der Bau der neuen Stalinallee war im Februar 1952 mit dem südöstlich gelegenen »Block E-Süd« systematisch vorangetrieben worden. Im Torbogen können Sie nachlesen, dass Otto Grotewohl den Grundstein dort legte, wo einst ein Tietz-Warenhaus stand.

Bauen an einer Utopie

Im November 1951 hatte das Zentralkomitee ein »**Nationales Aufbauprogramm**« verkündet. Grundlage war die Idee, trotz knapper Mittel in kürzester Zeit den geplanten Aufbau zu realisieren. Eine Aufbaulotterie, mit der man sich zumindest die Aus-

STALIN IM TIERPARK

Acht Jahre nach dem Tod des Diktators wurde 1961 das Bronzestandbild abtransportiert und zu einer Figur für den Tierpark umgeschmolzen – bis auf ein abhandengekommenes Ohr, das mittlerweile im Café Sybille zu besichtigen ist.

sicht auf eine der Wohnungen erwerben konnte, sollte das fehlende Geld bringen. Für viele stellte die Straße ein Projekt der Hoffnung dar. Sie halfen mit, und selbst an den bitterkalten Tagen des Januar 1952 kamen nach Feierabend Tausende, um bei der Enttrümmerung zu helfen. 4000 Scheinwerfer leuchteten von 325 Masten. Es waren vor allem Frauen, die zu Klängen von Aufbauliedern Ziegel putzten und Steine häuften, und die besten wurden bei festlichen Veranstaltungen als Aktivisten geehrt. 45 000 Freiwillige beteiligten sich beim Aufbau. Zum Ärger der Bewohner anderer Städte wurden aus der gesamten Republik Arbeitskräfte, Baumaschinen und Baumaterial in Berlin konzentriert. Am 8. April 1952 war auf einer Pressekonferenz verkündet worden, dass bis zum Geburtstag Stalins im Dezember 2139 Wohnungen und 105 »geschmackvolle Läden« bezugsfertig sein würden. Aber dann wurden es nur 1148. Mit den Rohbauten lag man wohl im Plan, aber das Fernheizwerk, das die Wohnungen mit Wärme versorgen sollte, war nicht fertig. Der Innenausbau verzögerte sich, zahllose Missgeschicke behinderten das Vorankommen. Die Parteiführung hatte aber den Termin vorgegeben, er musste daher um jeden Preis eingehalten werden. Ständig besuchten Funktionäre die Baustelle, Berichte wurden von höchster Stelle eingefordert, Funktionäre entlassen, Sonderschichten gefahren.

Die feierliche Vergabe der ersten 1000 fertigen Wohnungen fand trotzdem planmäßig statt. Bei einem Fest in der Staatsoper wurden am 21. Dezember 1952 die Schlüssel an »677 Arbeiter, 322 Angestellte und 149 Angehörige der Intelligenz« übergeben, um eine soziale Mi-

Häuserfassaden wurden mit Keramikplatten verblendet, bis sich herausstellte, dass die benötigte Menge die Kapazität der Meissener Werkstätten überstieg.

schung zu gewährleisten. Noch wichtiger aber war, dass zu den ersten Bewohnern der Stalinallee 442 »verdiente Aktivisten«, 474 Bestarbeiter, 97 Brigadiere, ein Nationalpreisträger – dieser hieß Richard Paulick –, ein »Held der Arbeit« und zwei »verdiente Lehrer des Volkes« gehörten. Einziehen aber konnten alle noch nicht. Denn erst Mitte Januar 1953 waren alle Blöcke des ersten Bauabschnitts an die Fernwärme angeschlossen.

Und im Januar 1953 fand das große Ereignis statt: Am Strausberger Platz war eine Ehrenpforte aufgestellt. Der Stellvertreter des Oberbürgermeisters durchschnitt ein weißes Band, und dann rollte der Tross der mit Girlanden und Transparenten geschmückten Umzugswagen der ersten 70 Mieter vom Alexanderplatz heran. Bauarbeiter, Ost- und West-Berliner säumten die Straße, und mancher half beim Abladen.

Modell für ein gerechtes Leben im Sozialismus

Die neuen Wohnungen waren hell und geräumig und mit besonders in dieser Gegend ungewohntem Komfort ausgestattet. Sie hatten neben Fernheizung und Warmwasserversorgung Einbauschränke, gefliese Bäder, Parkettfußböden, Müllschlucker und manche sogar Telefonanschluss – was es in späteren Bauphasen der DDR so nicht wieder gegeben hat. Die Häuser der Stalinallee sollten ein Modell für ein gerechtes Leben im Sozialismus sein und waren eine gebaute Utopie. Sie verhießen nach den Kriegsjahren einen lohnenden Neubeginn. Dazu trug sicher bei, dass die Stalinallee keine »rote Adresse« der Partei- und

Staatsprominenz war, wie gemunkelt wurde. Mehr als drei Viertel der Wohnungen wurden tatsächlich an Trümmerfrauen und Aufbauhelfer, an Verfolgte des Naziregimes, aber auch an Künstler vergeben. Hier wohnten beispielsweise der Maler Gabriele Mucchi, der Dichter Franz Fühmann und die Schauspieler Minetti und Klering. Bei späteren Mieterwechseln zogen in diese exklusiven Wohnungen aber meistens Funktionäre. Zum Zeitpunkt der Wiedervereinigung waren ca. 20 % der Bewohner noch Erstbezieher.

Aufstand am 17. Juni

Inzwischen hatten sich die wirtschaftliche Situation und die Lebensbedingungen rapide verschlechtert, der Flüchtlingsstrom aus der DDR nach Westen wuchs unaufhörlich. Politischer, moralischer und ideologischer Druck hatte die Stimmung im Land verändert. Als der Ministerrat der DDR die Erhöhung der Arbeitsnorm um 10 % ab 30. Juni 1953 ankündigte, begannen die Arbeiter zu meutern. Täglich hatten sie mit Materialmangel, uneffektiven Maschinen und fehlenden Ersatz-

Was im Osten als Aufstand gegen erhöhte Arbeitsnormen am 17. Juni 1953 begann und blutig endete, wurde im Westen zum »Tag der Deutschen Einheit« erklärt.

teilen zu kämpfen – sie wollten für die Unzulänglichkeiten nicht bezahlen. Um die Rücknahme der neuen Verordnung zu erreichen, legten am 15. Juni auch die Arbeiter an der Stalinallee die Arbeit nieder. Da die Regierung nicht reagierte, zogen die streikenden Arbeiter, auch die von der nahe gelegenen Baustelle des Krankenhauses Friedrichshain, zum Haus der Ministerien (dem heutigen Finanzministerium) und forderten freie Wahlen. Der amerikanische Sender RIAS verbreitete ihre Forde-

BRÖCKELNDE FASSADE

Die Kacheln an den Fassaden fielen nach kurzer Zeit massenweise ab und mussten neu angeklebt werden. Die Berliner spotteten über die sozialistische Prachtstraße »Rue de Duosan« (nach dem DDR-Alleskleber).

rungen. Für den **17. Juni 1953** wurde zum Generalstreik aufgerufen, und nicht nur in Ost-Berlin, sondern auch in anderen Orten der DDR streikten Arbeiter. Um 7 Uhr schon hatten sich Tausende am Strausberger Platz versammelt, zu den Arbeitern gesellten sich Schaulustige und Jugendliche. Erst wurde die Polizeiwache gestürmt, dann in Brand gesetzt, um 14 Uhr wehten auf dem Brandenburger Tor die Berliner und die schwarz-rot-goldene Fahne, obwohl über den sowjetischen Sektor gerade der Ausnahmezustand verhängt worden war. Sowjetische Panzer fuhren auf, räumten brutal Straßen und Plätze. 55 Tote waren zu beklagen, darunter die »Rädelsführer«, die zum Tode verurteilt und hingerichtet wurden. Viele Menschen wurden zu hohen Zuchthausstrafen verurteilt. Die Normerhöhungen wurden zurückgenommen.

Ende der Träume

Irgendwie war die Allee nun aus dem Bewusstsein der Öffentlichkeit verschwunden, und 1958 wurde das Bauen in diesem Stil bis zum Alexanderplatz aufgegeben. Hermann Henselmann errichtete von 1956 bis 1960 noch seine Turmhochhäuser am **Frankfurter Tor** als Pendant zum Strausberger Platz. Mit den barock-klassizistischen Türmen erinnern sie an Carl Gontards Kuppeln der Kirchen auf dem Gendarmenmarkt. In einem von ihnen richtete der Architekt sein Büro ein. Heute hat im nördlichen Turm die Denkmalpflege ihren Sitz, der südliche kann für Events gemietet werden. Die westliche Karl-Marx-Allee bis zum Alex wurde mit Scheibenhäusern bebaut. Die waren billiger und weniger aufwendig. Inzwischen hat sich eine neue Szene etabliert. Sie kommen aus München, Hamburg und New York und schwärmen von ihrer original Berliner Location, all die Architekten und Designer, Galerien und Werbeagenturen, die sich in jüngster Zeit in der Karl-Marx-Allee eingerichtet haben. Sichtbar belebt haben die Kreativen die neulich noch totgesagte Meile jedoch noch nicht. Sie können nun am Frankfurter Tor in die U-Bahn steigen.

ESSEN UND TRINKEN

A Mano ▸ S. 141, E 11

Angenehmes und beliebtes italienisches Restaurant, gute Weinauswahl und üppiges Grappa-Angebot. Im Sommer auch (laute) Tische auf der Terrasse.
Strausberger Platz 2 • Tel. 95 59 82 43 • www.amano-ristorante.de • tgl. ab 11.30 Uhr, Business-Lunch 12–15 Uhr • €€

Haus Berlin ▸ S. 141, E 11

Nostalgiker wird Architektur und Speisekarte an vergangene Zeiten erinnern: hohe Räume, Würzfleisch und Soljanka, aber auch Berliner Gerichte.
Strausberger Platz 1 • Tel. 242 56 08 • www.haus-berlin.net • tgl. ab 12 Uhr • €€

Café Sibylle ▸ S. 141, F 12

Eine gelungene Melange aus Gastronomie und Kultur mit einer Ausstellung zur Geschichte der Stalinallee mit ihren »Wohnpalästen für Werktätige«.
Karl-Marx-Allee 72 • Tel. 29 35 22 03 • www.cafe-sibylle.de • Mo 11–19, Di–So 10–19 Uhr • €

AM ABEND

CSA ▸ S. 141, östl. F 12

Die Friedrichshainer Abendgesellschaft trifft sich um den Boxhagener Platz, da liegt die sowjetische Prachtmeile nicht unbedingt in Laufrichtung. Die Bar im Büro der ehemaligen tschechoslowakischen Fluglinie lässt aber nicht nur Architektenaugen glänzen.
Karl-Marx-Allee 96 • Tel. 29 04 47 41 • www.csa-bar.de • So–Do 19–2, Fr, Sa 19–5 Uhr

Auf der Suche nach der Mauer
Prenzlauer Berg und der Mauerpark

In der Nacht zum 13. August 1961 bauten DDR-Grenztruppen den »antifaschistischen Schutzwall«, eine 155 km lange Betonmauer mit einem immer taghell ausgeleuchteten »Todesstreifen«. Dass die Berliner Mauer einst die Welt geteilt hat, kann man sich heute kaum noch vorstellen. Das mit ihr verbundene Gefühl der alltäglichen Gewalt ist verschwunden, die Mauer nicht überall.

◄ Die Stufen im Mauerpark (► S. 92) muten wie ein Amphitheater an und laden zum Sitzen ein.

START   S-Bahn: Bornholmer Straße
ENDE   S-Bahn: Nordbahnhof
DAUER   Ca. 2 Stunden

Am **Grenzübergang Bornholmer Straße**, wo die Bösebrücke über die Bahngleise führt, geschah am 9. November 1989 gegen 22.30 Uhr das Unfassbare: Die Schranke wurde geöffnet, und damit begann der Mauerfall. Hunderte drängten von Prenzlauer Berg im Osten der Stadt nach Wedding im Westen, wo ein Schild auf den Beginn des französischen Sektors hinwies. Freudentränen flossen, Sektkorken knallten laut, fremde Menschen umarmten sich. Massen drängten an die Grenzübergangsstelle, und die verunsicherten Grenzposten ließen die Leute einzeln passieren. Am Vormittag des 10. November setzte der Ansturm auf die anderen Grenzübergänge ein. Der Fall der Berliner Mauer wurde zum Ereignis der Weltgeschichte.

Von der Böse- zur grünen Brücke im Park

Sie sehen hinter der **Bösebrücke** eine **Gedenktafel** mit der Aufschrift: »An der Brücke Bornholmer Straße öffnete sich in der Nacht vom 9. auf den 10. November erstmals seit dem 13. August 1961 die Mauer. Die Berliner kamen wieder zusammen. – Willy Brandt: »Berlin wird leben, und die Mauer wird fallen«.
Im August 1990 wurde die Sanierung des Ostteils der Bösebrücke begonnen, der Westteil war schon zwischen 1983 und 1985 instand gesetzt worden, und am 14. Oktober 1995 rollte nach 42 Jahren wieder eine **Straßenbahn** über die Stahlbrücke nach Westen. Bereits 1953 war das grenzüberschreitende Straßenbahnnetz geteilt worden: Im Osten steuerten nun auch Frauen Straßenbahnen, im Westen war das nicht erlaubt. Nach dem Mauerbau boykottierten viele West-Berliner die

---

MAUER-RADWEG

Ein ausgeschilderter Berliner Mauer-Radweg führt in 14 Etappen und 160 km vom Potsdamer Platz durch die Stadt und um sie herum. An mehr als 40 Stationen erfährt der Radler Wissenswertes über die Teilung Deutschlands.

---

von der DDR betriebene S-Bahn, denn, so hieß es, »wer S-Bahn fährt, hilft Ulbricht«. Wenn Sie von der Bösebrücke nach Süden und hinunter auf die Norwegerstraße sehen, erkennen Sie ein Stück Mauer, das gleichzeitig die **Hinterlandmauer** war, an den Bahnanlagen. Im Norden reicht das erhaltene Mauerstück fast bis zur Björnsenstraße. Steigen Sie die Treppe zur Norwegerstraße hinunter und gehen Sie an Mauer und Bahngleisen entlang. Die Strecke ist, wie Sie jetzt öfter sehen werden, als **Mauerweg** gekennzeichnet.
Die Norwegerstraße liegt im Gebiet Prenzlauer Berg, seit der Bezirksreform 2001 zum Bezirk Pankow gehörig. Nicht nur hier ist der ehemalige Grenzstreifen als Mauerweg markiert. Im Zentrum werden Sie den Mauerverlauf teils an einem gepflasterten Streifen im Asphalt, teils als Kupferband erkennen. Allerdings

verliert er sich immer wieder, da die Mauer nicht überall genau an den Sektorengrenzen verlief. Grenzgrundstücke wurden zwischen Ost und West ausgetauscht, und manches Grundstück ist längst überbaut. Rechts neben dem Kindergarten unterqueren Sie die Behmstraße und folgen den Treppen nach links, dann rechts über die Bahngleise. Dort geht der Mauerweg weiter und mündet nach Schwedter Straße und Falkplatz in den **Mauerpark** ⭐, dessen erster Teil im November 1994 eingeweiht werden konnte. Nur hier ist der Mauerstreifen als grüne Brücke zwischen Ost und West geplant worden. Nach Entwürfen des Hamburger Landschaftsarchitekten Gustav Lange sollte der Mauerpark eigentlich insgesamt 10 ha umfassen. Jetzt wird die Westseite bebaut.

Sie gehen nun bergauf. Hinter dem **Kinderbauernhof** rechts sehen Sie links die **Max-Schmeling-Halle**, für den Basketballverein Alba Berlin gebaut, als Berlin sich für die Olympischen Spiele 2000 beworben hatte. In der Mitte des Parkgeländes gehen Sie auf einem mit Kopfsteinen gepflasterten Weg. Er markiert den Verlauf der Schwedter Straße. Während der Bauarbeiten fand man sie unter dem

---

MAUERPARK

Der »Wandel vom Grenzraum zum Freiraum« ist nur möglich gewesen, weil das Gelände auch vor der Mauerzeit nie bebaut war. Hier lag einst ein Exerzierplatz, der zu einem der wichtigsten Kampfplätze der Märzrevolution 1848 wurde. Nach 1914 entstanden hier eine Barackensiedlung, Kleingärten und Sportanlagen.

Kies und hat sie so belassen. Noch 1988 ist die Mauer bei einem Gebietsaustausch hier um 50 m nach Westen verschoben worden. Im Osten ragen Flutlichtmasten über den **Friedrich-Ludwig-Jahn-Sportpark**. Die Hinterlandmauer auf der Dammkrone steht unter Denkmalschutz. Sie wurde zum Bemalen und Besprühen freigegeben. Auch Bäume, Bänke und Müllbehälter halten für Graffitikunst her. Dem Hügel mit der **Mauerwand**, bestanden mit Eichen, Wildapfelbäumen, Pyramidenpappeln und bei Alt und Jung sehr beliebten Schaukeln, liegen eine weite Wiesenfläche und ein Birkenhain gegenüber. Ein **Amphitheater** fügt sich in eine Anhöhe, wo man auf Granitblöcken sitzen oder sich in Holzliegestühlen sonnen kann. An schönen Tagen und in lauen Sommernächten ist der Park ein lebendiger bunter Treffpunkt von Einheimischen und Touristen.

Bernauer Straße

Der Mauerpark endet rechts an der Bernauer Straße, die 28 Jahre lang von der Eberswalder Straße im Osten abgeschnitten war. Auf der Bernauer Straße, die Sie jetzt überqueren sollten, stand ein Beobachtungspodest, von dem man von Westen über die Mauer nach Osten schauen konnte. Auf einer Länge von 1,2 km und über 4,5 ha ist hier ein Areal auf dem ehemaligen Grenzstreifen als Erinnerungsort geschaffen worden sowie eine Open-Air-Ausstellung, die mit erhaltener Mauer, mit Infotafeln, Hörstationen, Ereignismarken und archäologischen Fenstern die Geschichte des Orts bewahrt und erklärt. Die Bernauer Straße wurde zur

Schicksalsmeile der Stadt. Nirgends gab es mehr gescheiterte und gelungene Fluchten als hier.

Die Häuser, die hier standen, gibt es nicht mehr. Am 13. August 1961 wurden zuerst die Fenster in den unteren Stockwerken zugemauert. Da sahen die Bewohner oben noch aus dem Fenster und scherzten, so-

weit ihnen nach Witzen zumute war: »Mit dem Kopf im Westen, mit dem Hintern im Osten«.

Dramatische **Fluchtszenen** spielten sich hier ab. An der Ecke Ruppiner Straße sprang der Volkspolizist Conrad Schumann am 15. August 1961 als erster Flüchtling über eine Stacheldrahtrolle in den Westen. Das

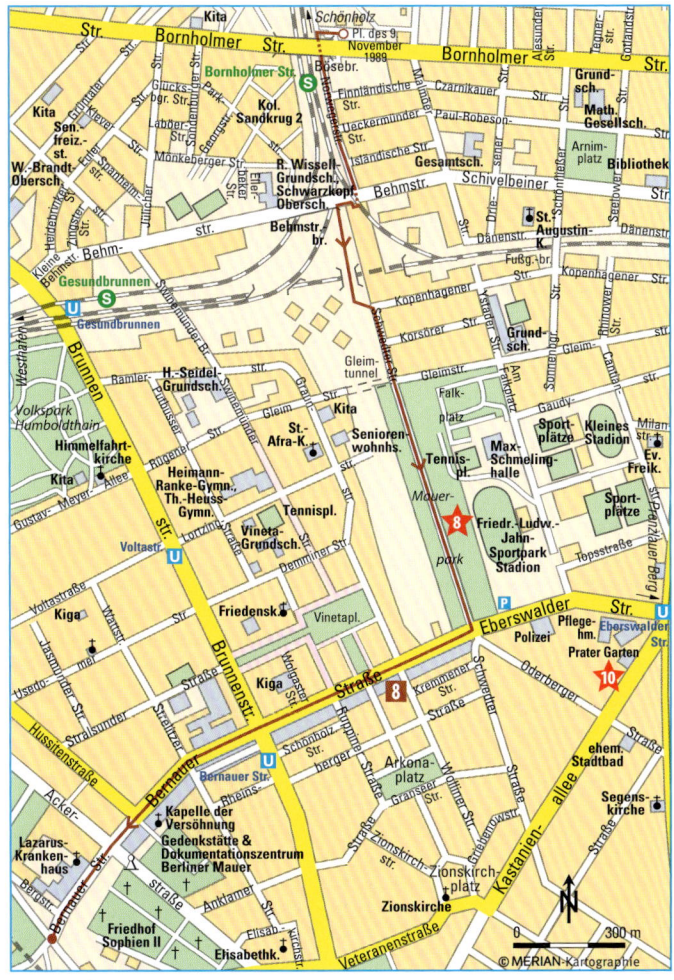

Die Hinterlandmauer auf der Dammkrone im Mauerpark (▸ S. 92) steht unter Denkmalschutz, wurde aber zum Bemalen und Besprühen freigegeben.

Foto von seinem Sprung ging um die ganze Welt. Jetzt verewigt ihn eine Skulptur an der Hauswand.

Bewohner aus den oberen Stockwerken seilten sich im wahrsten Sinne des Wortes in den Westen ab. Am 22. August sprang die 58-jährige Ida Siekmann aus dem Fenster ihrer Wohnung im dritten Stock der Bernauer Str. 48 in den Westbezirk Wedding und in den Tod. Im September versuchten DDR-Volkspolizisten, die 77-jährige Frieda Schulze, die aus ihrem Fenster fliehen wollte, an ihren Händen zurückzuzerren. Beherzte West-Berliner zogen sie an den Beinen in das Sprungtuch der Feuerwehr. Anfang Oktober verfehlte ein Flüchtling beim Sprung von der Dachrinne eines vierstöckigen Hauses das ausgebreitete Sprungtuch der Feuerwehr und blieb leblos auf dem Bürgersteig liegen. Ein Volkspolizist hatte ihn auf dem Dach verfolgt, die West-Berliner Polizei hatte ihm noch Feuerschutz gegeben. Zwei Frauen, zwei Männer und ein 15-jähriger Junge sprangen am 16. Oktober aus dem ersten Stock eines Grenzhauses in einen West-Berliner Lastwagen, der voll mit Sand beladen war, nachdem sie zuvor den Fahrer herangewinkt hatten.

Am 17. Oktober 1961 begannen Zwangsräumungen an der Bernauer Straße und weiteten sich im Laufe des Tages zu **Massenevakuierungen** aus. »Wieder kamen Zehn« meldete die Zeitung »Telegraf« am 18. Oktober. Zwei Tage später schrieb die »Welt«: »Ein Hagel von Tränengasbomben ging auf eine Gruppe von Kameraleuten des SFB an der Bernauer Straße/Ecke Ackerstraße nieder. Die Kameraleute filmten die Zwangsevakuierung der letzten Wohnungen in diesem Grenzbereich.« Mit bloßen Händen fingen

Sprung in die Freiheit: Mit diesem Foto vom 15. August 1961 wurden der Volkspolizist Conrad Schumann (▶ S. 93) und der Fotograf Peter Leibing weltberühmt.

ein West-Berliner Polizist und ein Zollbeamter einen Volkspolizisten auf, der aus dem ersten Stock eines zwangsgeräumten Hauses an der Bernauer Straße in den Bezirk Wedding sprang. Am 20. Dezember 1961 durchstemmten ein 22-Jähriger und seine 21 Jahre alte Ehefrau das vermauerte Fenster eines Grenzhauses und entkamen unbemerkt in den Westen.

Im August 1962 begannen Ost-Berliner Bauarbeiter, immer scharf bewacht von Grenzpolizisten, die Hinterhäuser in der Bernauer Straße 16 und 31 abzureißen. Im Laufe der Zeit wurden alle Häuser bis auf das untere Stockwerk abgebrochen. So sparte man sich den Mauerbau nach Osten. Währenddessen wurden erste Tunnel gegraben, durch die unzählige Menschen von Ost nach West flohen.

Erst im Herbst 2000 wurde der »Tunnel 29« zwischen den Häusern

Bernauer Str. 73 im Westen und Schönholzer Str. 7 im Osten wiederentdeckt. 29 Ost-Berliner waren hier am 14. September 1962 in den Westen geflüchtet. Der amerikanische Fernsehsender NBC hatte das riskante Unternehmen gefilmt.

Jenseits der Brunnenstraße – hinter der U-Bahn Bernauer Straße – kommen Sie zur **Kreuzung Strelitzer Straße** und damit zu dem Ort, an dem junge Leute seit dem 10. April 1964 den »**Tunnel 57**« gegraben

---

FLUCHTOPFER

Der »antifaschistische Schutzwall« sollte die Flucht der Menschen aus dem Ostteil der Stadt mit allen Mitteln verhindern. 237 »Republikflüchtlinge« wurden in den 28 Jahren bis zur Wende mit Schusswaffen, 33 durch Minen getötet.

---

hatten. 12 m tief und 140 m lang war das Bauwerk, das im Hof des Hauses Strelitzer Str. 55 begann und im Keller einer stillgelegten Bäckerei in der Bernauer Str. 97 endete. Am 3. und 4. Oktober stiegen hier 57 Menschen im Westen ans Tageslicht. Die abenteuerliche Flucht erregte im Osten wie im Westen Aufsehen. Ein rostendes Stahlgerüst erinnert jetzt an den Wachturm von gestern.

Fluchthelfer und Helden

Am 5. Oktober 1964 kam es in einem Hinterhof der Strelitzer Straße zu einem Schusswechsel, bei dem der 21 Jahre alte Unteroffizier der DDR-Grenztruppen, Egon Schultz, tödlich getroffen wurde. Die DDR-Führung erklärte, die Fluchthelfer hätten Schultz erschossen, und machten ihn zum sozialistischen Helden. Die Strelitzer Straße wurde in Egon-Schultz-Straße umbenannt, eine Ka-

serne erhielt seinen Namen, und sogar ein Kinderbuch erzählte vom Helden. Erst aus den Stasi-Unterlagen ging nach der Wende hervor, dass Schultz nicht von Fluchthelfern, sondern versehentlich von einem eigenen Kollegen erschossen wurde. Allerdings war die Version des Mordes durch »westliche Agenten« für die DDR-Führung besser verwertbar. Für neue Spannungen zwischen Ost und West wurde auch der Chefredakteur des »Stern« mitverantwortlich gemacht, da er das Unternehmen Tunnel mitfinanziert und sich die Exklusivrechte für die Berichterstattung gesichert hatte. Der Westberliner Senat reagierte von nun an sehr distanziert auf das Thema Fluchthilfe. Die mutigen Helfer und Abenteurer von gestern wurden auch in der westlichen Öffentlichkeit zunehmend zu kommerziellen Schleusern. Erst nach dem

Auf dem Fundament der Versöhnungskirche, die 1985 zur »Sicherheit im Mauerbereich« gesprengt worden war, entstand 2000 die Kapelle der Versöhnung (▶ S. 97).

Mauerfall waren ihre lebensgefährlichen Unternehmen wieder Stoff für dramatische Geschichten. Im März 2012 wurde der in Treptow getötete Fluchthelfer Heinz Jercha mit einer Gedenktafel geehrt.

Die **Grenzanlagen** wurden zunehmend »verbessert«, und erst 1980 wurde auch die Mauer in der Bernauer Straße vervollständigt. Die Hinterlandmauer war im Endausbaustadium ca. 3,60 m hoch und wurde mit einer Betonrolle versehen, die beim Überklettern keinen Halt bieten sollte. Signalanlagen am Boden lösten bei Berührung Alarm aus. Übermannshohe Kontaktzäune aus Streckmetall wurden mit Stachel- und Signaldraht bespannt. Bis 1984 liefen scharfe Schäferhunde an Führungsdrähten. Kreuzweise verschweißte Eisenbahnschienen wurden zu sogenannten Spanischen Reitern, dann aber im »Gegengeschäft« für bundesdeutsche Milliardenkredite abgebaut. Auf nachts beleuchteten Kolonnenwegen lösten sich Grenzposten ab. Wachtürme waren mit Suchscheinwerfern ausgestattet und erlaubten den Posten tagsüber »Sichtkontakt«. Kontrollstreifen und die Todesstreifen waren immer frisch geharkt, zur Spurensicherung, und durften auch von Grenzsoldaten nicht ohne triftigen Grund betreten werden.

Kirchensprengung

Sie sehen westlich der Strelitzer Straße zwei bräunliche Baukörper. Hier hat die **Evangelische Versöhnungskirche** gestanden. Nach 1961 lag sie im toten Streifen zwischen dem Elisabethfriedhof mit Hinterlandmauer im Osten und der Bernauer Straße mit der Vorderlandmauer im Westen. Am

SCHÜTZENSTRASSE

1962 wurde der DDR-Grenzsoldat Reinhold Huhn an der Ecke Jerusalemer-/Zimmerstraße von einem Fluchthelfer getötet. Nach ihm benannte die DDR-Führung eine Straße, die nach dem Mauerfall wieder umbenannt wurde in Schützenstraße. Der Schütze wurde nach der Wiedervereinigung zu einem Jahr auf Bewährung verurteilt.

28. Januar 1985 wurde sie gesprengt, »zur Erhöhung von Sicherheit und Sauberkeit« im Grenzstreifen. Das Konsistorium der Evangelischen Kirche in der DDR hatte sein Einverständnis gegeben. Hinter einem Zaun sehen Sie drei **Glocken** der Versöhnungskirche im flachen Lamellengestühl hängen. Auf dem Boden können Sie dem Grundriss von Schiff und Turm der Kirche nachgehen, und auch die Betonbahn des Postens ist noch erhalten. Mit dem 9 m hohen und 18,50 m breiten Gebäude dahinter wurde Lehm auf die Narben der Teilung gelegt – eine **Kapelle der Versöhnung** ist entstanden, ein ovaler Lehmbau, von Rudolf Reitermann und Peter Sassenroth entworfen, mit Unterstützung des Tiroler Lehmbaumeisters Martin Rauch realisiert. Es riecht warm und erdig, selbst im Winter, und die Innenausstattung ist karg. Bebaut wurde nur der Bereich des alten Chorraums. Ein Bodenfenster lässt den Blick auf einen Teil des Kellers der alten Kirche frei. Über der freigelegten Kellertreppe mit Resten der 1961 zugemauerten Tür ist die Nische für das erhalten gebliebene Altarbild errichtet. Auf den Tag genau zehn Jahre nach dem Mauerfall wurde

Mahnmal Mauerstreifen: Eine Bildertafel an der Mauergedenkstätte Bernauer Straße (▶ S. 98) erinnert an die zwischen 1961 und 1989 getöteten DDR-Flüchtlinge.

Richtfest gefeiert. Am 9. November 2000, dem elften Jahrestag des Mauerfalls, wurde die Kapelle der Versöhnung eingeweiht. Zwischen Wand und Lamellenumgang finden Sie eine entschärfte Bombe aus dem Zweiten Weltkrieg.

An der nächsten Kreuzung, jenseits der Ackerstraße, erblicken Sie eine riesige rostige Stahlwand. Sie ist 7 m hoch und begrenzt als **Mauerge-denkstätte** einen Grenzstreifen, ebenso wie das gleich hohe Pendant am anderen Ende des 70 m langen Streifens. Innen spiegeln die Wände die Sandfläche ins Unendliche, wie Sie feststellen werden, wenn Sie durch die 2 cm breiten Schlitze in der Beton-wand der Hinterlandmauer lugen. Gegenüber sehen Sie die **Vorder-landmauer**, dazwischen nichts, nur Postenweg und Todesstreifen.

Auf der westlichen Seite der **Bernauer Straße, Nr. 111,** der Gedenkstätte ge-genüber, erinnert das **Dokumentati-onszentrum Berliner Mauer** an die Teilung der Stadt. Blättern Sie in den Papieren zur Sprengung der Versöh-nungskirche. Steigen Sie den Turm hinauf, von dem aus Sie einen Teil Ih-res Weges überblicken können.

Zum 20. Jahrestag des Mauerfalls am 9. November 2009 ist ein Besucher-zentrum in einen Pavillon an der Ecke Bernauer Straße 119/Gartenstraße ge-zogen. Rostige Stahlstangen und Mauersegmente markieren den Ver-lauf der Mauer bis dorthin.

DENKMAL

Der Grenzstreifen zwischen Acker- und Bergstraße wurde am 2. Oktober 1990 unter Denkmalschutz gestellt. Willy Brandt hatte vorgeschlagen, hier die authentische Grenze zu erhal-ten, was viele ablehnten.

Am 9. November 2004, genau 15 Jahre nach dem Mauerfall, ging in Berlin der letzte **Mauerschützenprozess** zu Ende. Vor Gericht standen vier Männer, die eine Selbstschussanlage entworfen bzw. instand gehalten hatten. Das war ein System, bei dem durch 80 kubische Metallsplitter getötet wurde, wer dem »antifaschistischen Schutzwall« zu nahe kam. Fünf Männer, im Alter von 17 bis 29 Jahren, hatten davon nicht gewusst oder sich nicht abschrecken lassen. Vier der jungen Männer starben auf der Flucht, einer erreichte schwer verletzt den Westen. Die Richterin sprach die Angeklagten schuldig, verhängte jedoch keine Strafen.

Die Bernauer Straße endet an der Gartenstraße, über die die Mauer lief. Achten Sie auf die doppelte Kopfsteinpflasterung. Hier war der nördliche Zugang zum S-Bahnhof zugemauert. Heute können Sie von hier aus ins Stadtzentrum fahren oder nach links in die Gartenstraße einbiegen und geradeaus bis zur Spandauer Vorstadt gehen.

SEHENSWERTES

East Side Gallery ▶ S. 147, F 21

Zwischen Oberbaumbrücke und Schillingbrücke (Kreuzberg-Friedrichshain) ist ein 1,3 km langes Stück Hinterlandmauer entlang der Spree komplett erhalten, das im Januar 1990 von 118 Künstlern aus 22 Ländern bemalt wurde. Als Freiluftgalerie und Relikt der Grenzanlagen steht es seit dem Jahr 1992 unter Denkmalschutz.
www.eastsidegallery-berlin.de

Gedenkstätte Berliner Mauer ▶ S. 140, A 9

Der zentrale Erinnerungsort an die Teilung Deutschlands auf historischem Terrain. Ausstellung »Geisterbahnhöfe« im S-Bahnhof Nordbahnhof.
Besucherzentrum: Bernauer Str. 111/119 • www.berliner-mauer-gedenkstaette. de • April–Okt. Di–So 9.30–19, Nov.–März 10–18 Uhr • Eintritt frei

ESSEN UND TRINKEN

Il Giradischi ▶ S. 140, C 9

Die Auswahl fällt schwer in einer Straße, die nur aus Restaurants und Läden zu bestehen scheint. Hungrige nach langer Besichtigungstour sind hier richtig: Kleine Karte, große hauchdünne Pizzen, Hauswein, von italienischem Personal geradezu familiär serviert. Im Sommer Plätze auf der Terrasse.
Oderberger Str. 22 • Tel. 60 94 30 80 • im Sommer tgl. ab 12 Uhr, sonst ab 17 Uhr • €€ (keine Kreditkarten)

Mauersegler ▶ S. 140, nördl. B 9

Ein Kaffeehäuschen, ein Biergarten, ein Grillstand und eine Bühne begrenzen den Mauerpark zur Bernauer Straße hin. Richtig voll ist es sonntags, wenn an der Mauergrenze Flohmarkt ist.
Bernauer Str. 63 • www.mauersegler-berlin.de • tgl. ab 10 Uhr • €

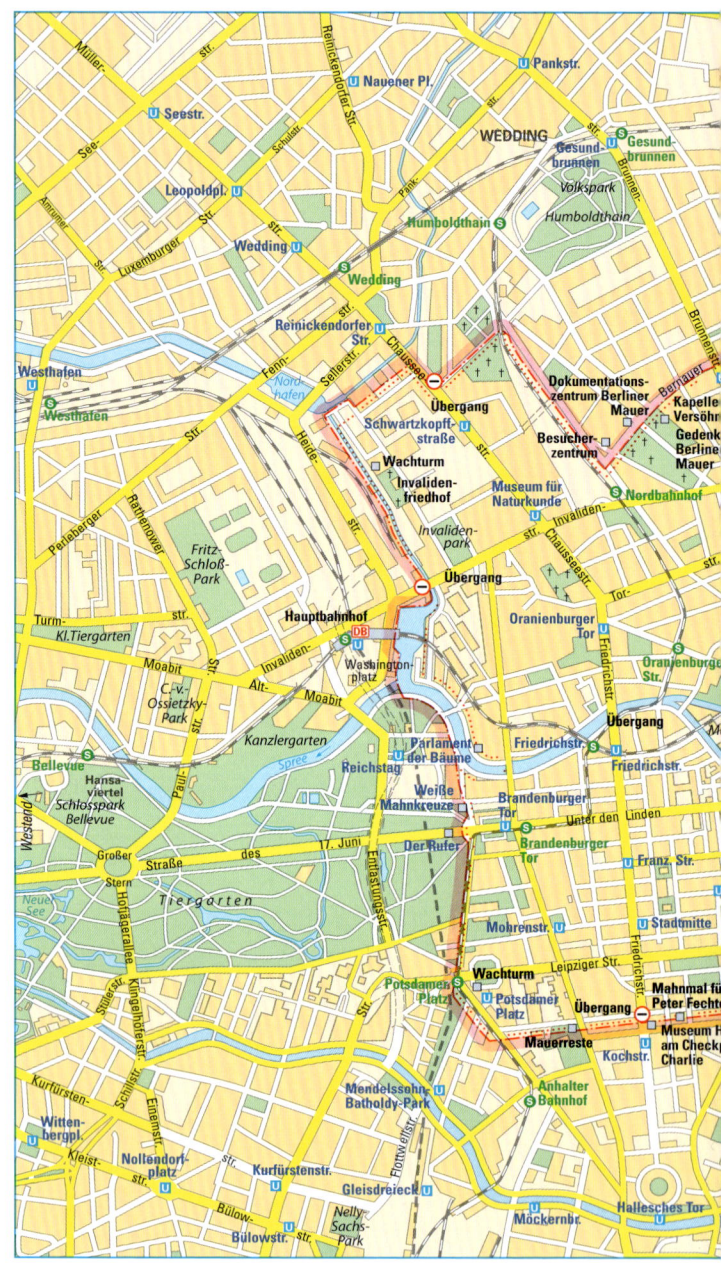

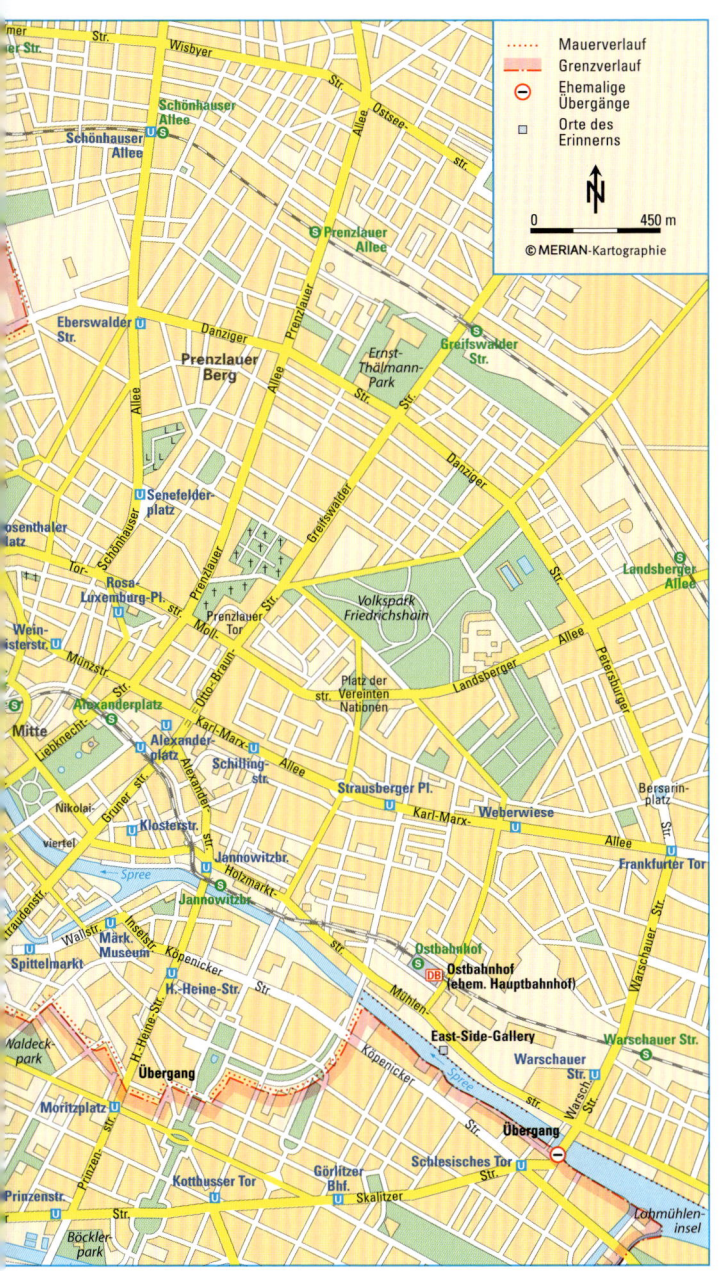

Mauerverlauf
Grenzverlauf
Ehemalige
Übergänge
Orte des
Erinnerns

N

0   450 m

© MERIAN-Kartographie

Immer noch Liebling Kreuzberg
Kreuzberger Impressionen

Am 1. Mai 1987 wurde Kreuzberg berühmt. Das war der Tag, an dem »Bolle« brannte, ein Supermarkt. Das Viertel wurde daraufhin zum Inbegriff von Revolte, Anarchie, Hausbesetzern und randalierenden Langhaarigen. Wer so von Kreuzberg sprach, meinte den nördlichen Teil des Bezirks, der als SO 36 (nach dem kaiserzeitlichen Postbezirk benannt) berüchtigt wurde; der südliche Teil galt immer als integriert.

◄ Großstadtromantik: Die Admiralbrücke (► S. 104) über den Landwehrkanal ist ein beliebter Treffpunkt.

START U-Bahn: Kottbusser Tor
ENDE   Paul-Lincke-Ufer, U-Bahn:
           Schönleinstraße
DAUER 3 Stunden

Verlassen Sie den U-Bahnhof in
Richtung Admiralstraße. Oben stehen Sie am »Kotti«, am **Kottbusser
Tor**, das kein Tor ist, vielmehr ein
Platz, vom Verkehr umbraust. Viel
Beton gibt es hier, einen ganzen Rie-
gel über die Straße, der heißt NKZ,
Neues Kreuzberger Zentrum. Neu
aber war der Koloss vor gut 30 Jahren und da schon ein Inbegriff von
Trostlosigkeit. Viele Türken leben in
den 295 öffentlich geförderten Wohnungen, pflanzen Blumen auf Balkonen, stellen Satellitenschüsseln auf,
sagen »Bizim«, unser Haus, und
richten Cafés und Clubs ein.
Für diesen Teil Kreuzbergs, der zur
Luisenstadt östlich der Friedrichstraße gehörte, waren Ende der
1960er-Jahre gewaltige Veränderungen vorgesehen, Stadterneuerung
oder Flächensanierung genannt.
»Kahlschlag und Neubau« sagten die
Bewohner dazu. Schon in den
1950er-Jahren war eine Autobahn,
die sogenannte Osttangente, geplant,
die den Oranienplatz in ein gewalti-
ges Straßenkreuz verwandeln sollte.
Man überließ die Häuser dem Verfall, und die einfachen, leer stehen-
den und billigen Wohnungen wurden für Gastarbeiter interessant, die
aus der Türkei kamen. Sie wollten ja
nicht lange bleiben. Aber ihre Zahl
stieg schon von 1960 bis 1970 von
225 auf mehr als 39 000. Geblieben
waren auch Arbeiter, hinzu kamen

Bundeswehr-Flüchtlinge aus dem
Bundesgebiet und Aussteiger jeder
Art. Wer nach SO 36 kam, wollte
preußischer Piefigkeit entgehen und
fand hier, auf der Insel der Insel, im
Norden und Osten von der Mauer,
im Süden vom Landwehrkanal begrenzt, sein Idyll. So entstand eine
Bevölkerungsmischung, die sich bis
heute nicht wesentlich verändert hat
und deren unterschiedliche Gruppen, teils zähneknirschend, tolerant

---

WEST-BERLIN-VORTEILE

Wer in der Zeit von der deutschen Teilung bis zur Maueröffnung in Berlin
lebte, musste keinen Wehrdienst leis-
ten. Mit der Berlinzulage sollte nach
dem Mauerbau die Abwanderung aus
West-Berlin in die Bundesrepublik
gestoppt werden.

---

nebeneinander leben. Eine gewisse
Autonomie und Wehrhaftigkeit hat
sich die Bevölkerung dieses Quar-
tiers bis heute bewahrt. Der neue
und erfolgreiche Gegner heißt Im-
mobilienhändler. Neue Nachbarn
kommen aus Spanien und Italien.
Sie lassen das Kottbusser Tor hinter
sich und wenden sich nun der **Admiralstraße** zu.

Hausbesetzer retten Häuser
Sie war eine Straße mit Mietskasernen wie viele andere, aber hier sind
die Absichten einer Kahlschlagsa-
nierung sozusagen stecken geblieben. Etliche Neubauten waren schon
entstanden, aber manches konnte
noch menschenfreundlicher umge-
plant werden, sodass am Nordende
auf einer 1976 abgeräumten Fläche
ein Haus mit einer hofähnlichen

Anlage entstanden ist, und hinter der Kreuzung Kohlfurter Straße kommen Sie an einem backsteinroten Komplex mit Schule, Kindergarten und Behindertenzentrum vorbei. Dass auf der Ostseite die Altbauten erhalten sind, ist der Besetzung der schon entmieteten Häuser zu verdanken und ihrer Legalisierung als Selbsthilfeprojekte.

HINTERHÖFE

Hinter jeder Mietshausfassade reihte sich vor gerade 100 Jahren – und oft bis vor 20 Jahren – Hof an Hof, und jeder musste nur so groß sein, dass sich die Feuerwehrspritze im Brandfall drehen konnte, »17 Fuß im Quadrat« laut Polizeiverordnung.

Am Ende der Straße stehen Sie vor dem **Landwehrkanal**. Von der Admiralbrücke, der ältesten (1881 gebauten) Brücke über den Kanal, blicken Sie auf die schönen Fassaden am östlich gegenüberliegenden Planufer und westlich auf den **Urbanhafen** mit zum Teil ausrangierten Restaurantschiffen. Der Hafen ist 1891 angelegt worden, wurde aber schon bald funktionslos und sollte in den 1930er-Jahren zugeschüttet werden. Die Hafenanlagen sind längst verschwunden, das Gelände wurde begrünt und gehört zu den beliebtesten Freizeitflächen des Viertels. Das große graue Gebäude am anderen Ufer ist das Urban-Krankenhaus.

Kiez-Idylle am Landwehrkanal

Sie gehen von der Brücke zurück und biegen links in das **Fraenkelufer** mit seiner variationsreichen Bebau-

ung ein. Manche Häuser sind einfach langweilig, andere schön und alt (Nr. 30) und oft sanierungsbedürftig. Bei den Hausnummern 38 und 44 fallen Ihnen geschwungene Balkone und vorspringende Wintergärten auf. Auch die Passagiere der **Dampferfahrten über den Landwehrkanal** ⭐ sind begeistert, wenn sie an den lustigen Häusern vorbeigleiten. Es sind Renommierobjekte des sozialen Wohnungsbaus, zur Internationalen Bauausstellung (IBA) von 1982 bis 1984 entstanden in einer Mischung aus Jugendstil und Expressionismus, garniert mit anthroposophischen Zutaten, die allen Bauten des Architektenehepaars Inken und Hinrich Baller im Berliner Westen eigen sind. Folgen Sie nun der Biegung nach rechts in den **Erkelenzdamm**. Am schön sanierten **Elisabeth-Hof**, einem der vielen Gewerbehöfe aus dem 19. Jh., kommen Sie vorbei an Neubauten und gemütlicher Eckkneipe und biegen rechts in die Kohlfurter Straße ab, dann wieder links in die Admiralstraße und stehen an der Skalitzer Straße an der Ampel. Sie erreichen, wenn Sie die Straße überqueren, direkt die Dresdener Straße. Sehen Sie links Möbel-Olfe? Sessel hängen links oben hinter dem Schaufenster der Szenekneipe, die so ihre Vergangenheit als Laden inszeniert.

Die **Dresdener Straße** wird Ihnen vielleicht nicht gefallen. Sie ist schmuddelig, zwischen türkischen Teestuben und Internetcafés gibt es ein Grünes Stadtteilbüro rechts und das kleine Programmkino Babylon links. Der von Knöterich überwucherte Gorgonzola Club mit Garten im Hinterhof rühmte sich jahrelang der besten Pizzen im Westen (die es nie gab!), an der Ecke links könnten Sie Süßkartoffeln und afrikanischen Haarschmuck kaufen und im Milchladen rechts Naturkost.

Überqueren Sie rechts die Oranienstraße und gehen am **Oranienplatz** entlang und direkt auf »Kuchen-Kaiser«, eine örtliche Institution, zu. Wenn Sie eine Pause brauchen, sind Sie hier richtig. Sonst oder danach biegen Sie rechts in den Leuschnerdamm ein und gehen auf dem Grünstreifen in der Mitte weiter.

Ein Kreuzberger Taj Mahal am See

Jenseits der **Waldemarstraße** bewegen Sie sich auf dem Mauerstreifen, das Grün weitet sich zu einem kleinen Park, ein offensichtlich indischer Brunnen steht wie hingezaubert auf der Wiese, Bänke im Schatten grüner Rankengewächse umstehen einen See. Würde sich hier die **St.-Michael-Kirche** im Hintergrund, die erste katholische Garnisonkirche Berlins (1853–1856), noch im Wasser spiegeln, wäre ein Kreuzberger Taj Mahal perfekt. Sie stehen hier im 1926 trockengelegten Luisenstädtischen Kanal vor dem **Engelbecken**. Der meditierende Buddha aus Bronze wurde 1942 eingeschmolzen, jetzt sitzt er wieder, originalgetreu rekonstruiert, an seinem althergebrachten Platz im Rosengarten, der zu Beginn des vorigen Jahrhunderts Indischer Garten hieß. Der **Luisenstädtische Kanal** war ein Arbeits- und Transportweg für die Luisenstadt und zu Beginn des 20. Jh. längst überflüssig geworden.

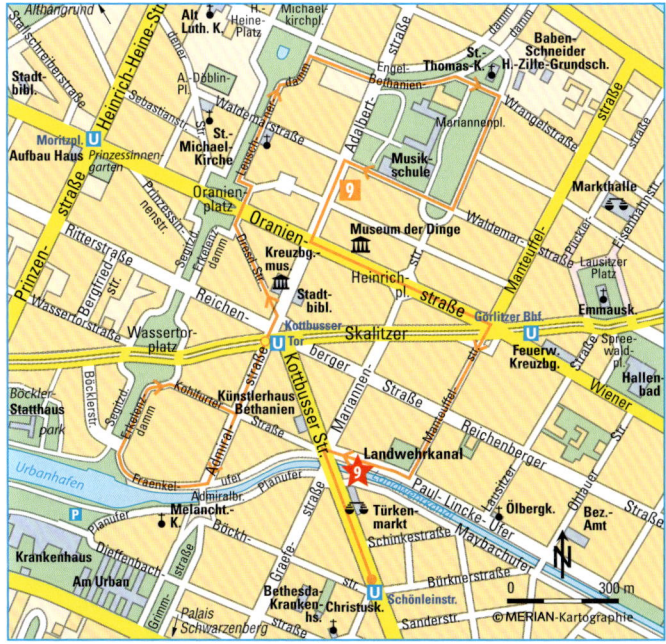

Oase am Wasser: Am Flutgraben am Treptower Ufer laden der Club der Visionäre (re.) und das Restaurant »Freischwimmer« (li.) zum Besuch ein.

Nur noch wenige Kähne passierten die träge Wasserstraße. Gurkenverkäufer kamen bis hierher aus dem Spreewald. Offensichtlich hatte der Erbauer, der berühmte Gartenarchitekt Peter Joseph Lenné, das Gefälle zum Landwehrkanal falsch angelegt. Gartenbaudirektor Erwin Barth wollte 1926 noch verhindern, dass der Kanal zugeschüttet würde, und plante, ihn in eine Parkanlage einzubeziehen. Doch seine Pläne scheiter-

LUISENSTÄDTISCHER KANAL

1848, als der Luisenstädtische Kanal entstand, plante Lenné ihn als Achse der Luisenstadt. 1852 wurde er der Schifffahrt übergeben. Backsteine aus märkischen Ziegelbrennereien wurden auf dem Kanal transportiert, die Luisenstadt wuchs, und am Kanal promenierten die Bewohner.

ten, zuletzt auch mit der Inflation. Später wurden die ehemaligen Gräben mit dem Bauaushub für die neue U-Bahn-Linie nach Neukölln aufgeschüttet. Nur das Engelbecken blieb. Dann war Krieg, danach war hier Platz für Trümmerschutt. Und dann wurde die Mauer gebaut. Die Tische im Freien im neuen kleinen Café am Engelbecken sind jetzt im Sommer immer voll besetzt.

Sie folgen jetzt dem **Bethaniendamm** nach rechts, sehen Tauben und Ziegen auf dem **Kinderbauernhof**, der in der Hausbesetzerära entstanden ist, und biegen hinter der Adalbertstraße rechts in eine Grünfläche ein und finden sich hinter der **Diakonissenanstalt Bethanien**, von 1845 bis 1847 im Stil der Schinkelschule errichtet. Friedrich Wilhelm IV. hatte eine architektonische Staatsvision, als er Diakonissenanstalt und Krankenhaus von Friedrich

Relief an der Vorhalle des Künstlerhauses Bethanien (▶ S. 107), das aber 2010 in der Kottbusser Straße im Bezirk Kreuzberg ein neues Domizil erhalten hat.

Ludwig Persius, Friedrich August Stüler und Theodor Stein planen ließ: eine Fusion von Monarchie, Religion und Gesellschaft. Bethanien wurde eine wehrhafte Burg mit zwei lanzenförmigen Türmen.

Wenn Sie das Gebäude umrunden, kommen Sie an einem Schild vorbei, das darauf hinweist, dass im Sommer Freilichtkino angeboten wird. Die Grünanlage rund um Bethanien schuf ebenfalls Lenné. Auch vor dem Haupteingang sehen Sie sein Werk, den **Mariannenplatz** als gärtnerische Anlage, um 1980 restauriert.

Die gelbe Burg, deren Eingang geradezu sakral wirkt, war fast drei Jahrzehnte das **Künstlerhaus Bethanien** mit 25 Ateliers, drei Ausstellungsstudios und Medienlabor. 1970 hatte der letzte Patient das Krankenhaus verlassen. Bethanien sollte abgerissen werden, ebenso das Schwesternwohnheim. Am 4. Dezember 1971

war bei einer Fahndung nach RAF-Mitgliedern der 24-jährige Georg von Rauch erschossen worden. Nach einem Konzert der Rockband Ton Steine Scherben drei Tage danach wurde das Schwesternwohnheim als erstes Haus in Berlin besetzt und zum »Rauch-Haus« erklärt. Nach fast zwei Jahre währenden Verhandlungen wurden dem Senat Nutzungsverträge abgerungen. So wurde in dem riesigen Komplex nicht nur Platz für das Künstlerhaus Bethanien geschaffen, das nach erneuter Besetzung des Hauses 2010 ausgezogen ist; auch Kunstamt, Sozialamt, Musikschule und eine Druckwerkstatt fanden Platz.

Immer wieder Blaulicht

Hausbesetzungen als Antwort auf Wohnungsnot sowie verfehlte Sanierungspolitik und kalkulierten Leerstand gehörten schnell zum Kreuzberger Alltag. Über die Hälfte von fast 300 besetzten Berliner Wohnungen in den 1980er-Jahren standen in Kreuzberg. Zum Umgang mit Besetzern wurde die »Berliner Linie« beschlossen. Dabei sollten mit den Nutzern bereits besetzter Häuser Verträge abgeschlossen, neu besetzte Häuser aber binnen 48 Std. geräumt werden. Die Räumung von acht besetzten Häusern, bei denen im September 1981 der 18-jährige Klaus-Jürgen Rattay auf der Flucht vor der Polizei unter den Reifen eines Busses starb, geriet fast zum Bürgerkrieg.

Das flackernde Blaulicht der Polizei ist für Jahrzehnte zum Markenzeichen des Mariannenplatzes geworden sowie die Straßenkämpfe und Hausbesetzungen für das ganze Viertel. Der »Kampf gegen das Establishment« in jeder Form zog immer Sympathisanten wie Neugierige an. Als die ersten teureren Restaurants sich in den 1980er-Jahren in Kreuzberg niederließen, reagierte eine neue Gruppe »Klasse gegen Klasse« mit Provokationen und Anschlägen.

Kunst und Kultur an der Oranienstraße

Sie überqueren den Mariannenplatz bis zu seiner Schmalseite mit dem Feuerwehrbrunnen von Kurt Mühlenhaupt und biegen rechts in die Waldemarstraße ein und links in die Adalbertstraße.

Sie gehen wieder links in die **Oranienstraße**, die hier nur O-Straße heißt. Als »Ku'damm der Armen« belächelt, ist sie doch die Geschäftsstraße des Viertels und war vor dem Krieg mit Warenhäusern und als Zentrum jüdischen Lebens sogar der »Kurfürstendamm des Ostens«. Hier entfaltet sich ein buntes, quirliges Leben mit allen erdenklichen Läden, Cafés und Imbissstuben. Es

Friedlich sprüht Wasser aus dem Feuerwehrbrunnen am Mariannenplatz (▶ S. 108), einer von Kurt Mühlenhaupt geschaffenen Skulpturengruppe.

duftet nach frisch gebackenem Brot, rund um die Uhr können Sie bei Melek Pastanesi Schrippen (für Nicht-Berliner: Brötchen) und orientalische Süßigkeiten kaufen, Tee und Kaffee trinken, es gibt ein Antiquariat davor und ein modernes Antiquariat dahinter, Fahrräder, einen günstigen Friseur und Knofi, der viel mehr Obst und Gemüse als Knoblauch verkauft, bei Verrutschi gibt es Mode.

Über Nr. 26 steht DIM, **Die Imaginäre Manufaktur**, Verkaufsraum der Blindenanstalt von Berlin, die hier vor mehr als 100 Jahren Schule und Beschäftigungsort einrichtete. Im Schaufenster sehen Sie, dass nicht nur Besen und Korbwaren hergestellt werden, sondern ein neues Design mit bekanntem Material entwickelt wird. NGBK nebenan heißt **Neue Gesellschaft für Bildende Kunst**, deren Mitglieder ihre Projekte in Teams mit Vorträgen, Aktionen und Filmreihen realisieren. So ist die O-Straße für viele reicher, vor allem lebendiger als der Kurfürstendamm, wo es nicht einmal mehr eine Buchhandlung gibt.

Kunst gehörte hier immer zum Leben, auch wenn viele der Künstler, die in den 1960er-Jahren zur Kreuzberger Boheme gehörten, wie Kurt Mühlenhaupt und Friedrich Schröder-Sonnenstern, ihre Montmartre-Träume mehr im südlich gelegenen Kreuzberg 61 pflegten. Aber im längst abgerissenen Hinterhaus in der Nr. 27 hatten die Bildhauer Günter Anlauf, der Grafiker und Schriftsteller Günter Bruno Fuchs und Robert Wolfgang Schnell eine Galerie gegründet. Ihre Absicht, Menschen zu vermitteln, dass Kunst zum alltäglichen Leben gehört, galt als vermes-

MUSEUM DER DINGE

Das Werkbundarchiv, das die Geschichte der Alltagskultur erforscht und dokumentiert, ist in die Oranienstr. 25 gezogen und zeigt im Museum der Dinge seine Schätze. Do–Mo von 12–19 Uhr.

sen, ihre Ausstellungen provozierten. Sie waren wohl die Ersten, die Kreuzberg über die Grenzen Berlins hinaus bekannt machten, ebenso wie die Kneipen, etwa die »Jägerklause« gegenüber, die heute »Bierhimmel« heißt, von deren schrillen Aktionen und Gelagen man sich erzählte.

SO 36, Oranienstraße 187, als SubOpus gegründet, entzog sich als Verein dem Image des Konzertsaals in der Grauzone von Legalität und Illegalität, in den schon in den 1980er-Jahren Straßenkämpfer vor den Wasserwerfern der Polizei flüchteten. Im legendären Treff der Punkszene wurden Iggy Pop und David Bowie gesichtet, heute gibt es abwechselnd Bingo, Karaoke, Lesungen, Shows, Tanztee (Café Fatal), schwul-lesbische Abende (»Hungrige Herzen«) und dasselbe Programm auch auf Türkisch.

Die Revolte kam aus der »Roten Harfe«

Mit dem **Heinrichplatz** erreichen Sie den Ort, der immer als Zentrum des gefährlichen Kreuzberg galt. Im »Elefanten« sowie in der »Roten Harfe« wurden in den 1970er-Jahren Gegenstrategien zu den Senatsplänen für Hausabrisse und Neugestaltungen ausgeheckt und die Revolte gegen die Staatsmacht geplant. Kiez-Fremde waren hier nicht erwünscht.

Reges Treiben herrscht auf dem Türkenmarkt BiOriental (▸ S. 111) am Maybachufer: Angeboten werden frisches Obst und Gemüse, türkische Spezialitäten, Stoffe ...

Heute kann man in der »Roten Harfe« bis 16 Uhr frühstücken; im ersten Stock lockt die »Oriental Lounge« mit Separees und Wasserpfeifen. Und dann sind Sie schon am östlichen Ende der Straße, die hier zur **Wiener Straße** wird, wo der Supermarkt »Bolle« stand und am 1. Mai 1987 in Flammen auf- und somit unterging. Der 1. Mai blieb in Kreuzberg ein Feuertag, bis das friedliche »Myfest«ihn ablöste.

Sie biegen nach rechts in die Manteuffelstraße ein und stehen gleich

»LINIE 1«

Die Revue von Volker Ludwig wurde in 40 Ländern in 36 Sprachen aufgeführt. In Berlin lief die Revue 2001 zum 1000. Mal und wurde 2005 wieder ins Programm des Grips-Theaters genommen.

darauf vor der **Skalitzer Straße**, die an der Spree auch an der Mauer endete. Über Ihnen fährt die U-Bahn als Hochbahn auf der Strecke, die in der rasanten 1980er-Jahre-Revue »Linie 1« vom Grips-Theater Weltkarriere gemacht hat.

Sie überqueren die Skalitzer und folgen der Manteuffelstraße über die Reichenberger Straße bis zum **Paul-Lincke-Ufer**. »Das ist die Berliner Luft, Luft, Luft ...« klingt seine bekannte Melodie auch heute noch aus manchem Leierkasten dort.

Gehen Sie rechts an den Cafés und Restaurants mit den Terrassen am Landwehrkanal entlang. Sie sind nicht weit vom Fraenkelufer entfernt, wo Sie schon zu Beginn auf den Landwehrkanal getroffen sind. Begonnen wurde der Kanal schon 1830, um die viel befahrene Spree zu entlasten, aber erst von 1845 bis 1850 wurde er unter Leitung Lennés beendet. Auf 10,3 km Länge verbindet er die Oberspree von der Schlesischen Straße mit der Unterspree in Charlottenburg. Wenn Dienstag oder Freitag ist, sehen Sie am gegenüberliegenden **Maybachufer** den **Türken-markt** in Kreuzkölln. An über 100 Ständen gibt es Waren aller Art. Wenden Sie sich an der Kottbusser Brücke nach links, und Sie erreichen in wenigen Minuten die U-Bahn-Station Schönleinstraße.

SEHENSWERTES
Künstlerhaus Bethanien ▶ S. 147, D 22
25 Ateliers, drei Ausstellungsstudios zeigen zeitgenössische Kunst.
Kottbusser Str. 10 • www.bethanien.de • Di–So 14–19 Uhr • Eintritt frei

ESSEN UND TRINKEN
Horvath ▶ S. 147, D 22
Unkonventionelles Sterne-Restaurant, auch für Sommerabende im Gärtchen.
Paul-Lincke-Ufer 44a • Tel. 61 28 99 92 • www. restaurant-horvath.de • Mi–So 18.30–22.30 Uhr • €€€€

Jolesch ▶ S. 147, E 22
Österreichische Küche. Mit Menüs, aus der Karte frei kombinierbar.
Muskauer Str. 1 • Tel. 6 12 35 81 • www.jolesch.de • Mo–Fr, So 11.30–24, Sa ab 17 Uhr • €€€

Hasir ▶ S. 147, D 22
Hier liegt die Keimzelle einer bemerkenswerten türkischen Familien-Restaurantkette mit Imbiss und schickem Spezialitätenrestaurant.
Adalbertstr. 10 • Tel. 6 14 23 73 • www.hasir.de • rund um die Uhr geöffnet • €€

EINKAUFEN
Türkenmarkt ▶ S. 147, D 23
Fast wie ein orientalischer Bazar: Obst, Gemüse und mehr.
Maybachufer • www.tuerkenmarkt.de • Di und Fr 11–18.30 Uhr

AM ABEND
Grips-Theater ▶ S. 138, B 7
Berühmtes Kinder- und Jugendtheater mit immer aktuellen Themen. Aber auch die berühmte »Linie 1« steht immer wieder auf dem Spielplan.
Altonaer Str. 22 • U-Bahn: Hansaplatz • Tel. 39 74 74 77 • www.grips-theater.de

AKTIVITÄTEN
Schiffsfahrten ▶ S. 147, D 21/22
An der Kottbusser Brücke am Maybachufer kann man zu einer City-Rundfahrt über Spree und Landwehrkanal (ca. 3 Std.) starten.
April–Okt., Abfahrten 10.30 und 14.30 Uhr • Fahrpreis 22 €, Kinder 11 €

Das Lebensgefühl Prenzlberg
Prenzlauer Berg und der Prater-Garten

Noch bröckeln hier und da graue Fassaden, aber schmuck renovierte Häuser überwiegen längst rund um den Kollwitz-platz, der als intellektuelles Herz des Viertels gilt. Nirgends ist Berlin so auffallend schön, so jung und anziehend wie hier und dennoch mit morbidem Charme und Schmutz hinter der nächsten Ecke vereint. Der Großteil der Bevölkerung in Prenz-lauer Berg ist neu zugezogen und doch nicht mehr neu.

◄ Ein modisches Völkchen verkehrt in den Cafés, Eisdielen und Läden rund um die Kastanienallee (► S. 121).

START   U-Bahn: Senefelderplatz
ENDE   U-Bahn: Senefelderplatz
DAUER   2 Stunden

Der **Senefelderplatz** liegt auf einer Anhöhe, dem einstigen Pfefferberg. Scheinbar endlos und gerade zieht sich hier die **Schönhauser Allee** nach Norden. Vor 150 Jahren führte sie noch als Ausfallstraße vor die Tore der Stadt durch Wiesen, Weiden und Felder. Erst mit der Reichsgründung im Jahr 1871 setzten Bauboom und Industrialisierung ein. Bereits 50 Jahre später platzte der nach Groß-Berlin eingemeindete Bezirk aus allen Nähten. Auf 10 km² lebten rund 325 000 Menschen, mehr als sonstwo in der Stadt. Sie wohnten in meist fünfstöckigen Mietskasernen mit vielen eng umbauten und daher dunklen Höfen, oft in Einzimmerwohnungen mit Wohnküche und Außentoilette. Das **Denkmal für Alois Senefelder** (1771–1834), vor dem Sie stehen, war bis 1945 das einzige im Bezirk. Der Bildhauer Rudolf Pohle meißelte den Erfinder der Lithografie 1892 für die späte Ehrung in Marmor. Wie beim Steindruck, den Senefelder erfand, steht sein Name in Spiegelschrift am Sockel. 1896 wurde der Thusneldaplatz nach ihm umbenannt.

Wenn Sie nach rechts in die Metzer Straße einbiegen, bewegen Sie sich schon auf ein Gelände zu, das Windmühlenberg hieß. Hier auf dem **Barnim-Plateau**, das die letzte Eiszeit schuf, zwischen Metzer und Saarbrücker Straße, wurden zu Beginn des 19. Jh. in mehr als 30 Windmühlen Getreide und Branntweinschrot gemahlen. Die Erfindung der Dampfmühle 1826 brachte zwar ernsthafte Konkurrenz, aber bis Ende des Jahrhunderts noch keine wirkliche Gefahr für den Betrieb. Die kam erst mit der Bebauung, jedoch einer früheren als die, die Sie heute noch sehen. Ein mit Bomben beladenes Flugzeug stürzte 1943 westlich des Senefelderplatzes ab

---

BAT

Wolf Biermann fand die Räume im ehemaligen Hinterhofkino Roxy 1960, als er einen Raum für ein eigenes Theater suchte. Brecht-Schüler wollten hier die Werktätigen auf neue Art für das Volkstheater begeistern.

---

und zerstörte den ganzen Block zwischen Kollwitzstraße, Metzer, Straßburger und Belforter Straße. Folgen Sie der **Kollwitzstraße** ein Stück nach links. Gleich hinter dem Abenteuerspielplatz weisen stuckverzierte Fassaden auf herrschaftliche Häuser hin. Die Wohnungen in den Vorderhäusern waren vergleichsweise großzügig gestaltet und Beamten und anderen Repräsentanten der besseren Gesellschaft vorbehalten. In den Kellerwohnungen und Souterrainläden, wie sie in dieser Straße zu sehen sind, lebten und arbeiteten Handwerker. Biegen Sie gleich rechts in die Belforter Straße ein. An deren Ende liegt das **bat** oder auch **Berliner Arbeiter- und Studententheater**. Die Schauspielschüler der Hochschule Ernst Busch zeigen ihre bemerkenswerten Aufführungen nach umfangreichen Sanierungsarbeiten wieder hier.

Rund um den Weinberg

Sie wenden sich aber nun nach links, biegen in die Kolmarer Straße ein und erklimmen am Wasserturm einen Berg, von dem aus Sie die nähere Umgebung überblicken können. Als Platz mit Büschen und Bänken gestaltet, wird der überragende Ort an lauen Sommerabenden zum beliebten Treffpunkt meist junger, Musik liebender Menschen. Im Frühjahr 2005 wurden am Hang Reben angepflanzt.

»PRENZLBERG«

Die heute übliche Verniedlichung »Prenzlberg« hat sich aus der amtlichen Abkürzung Prenzl. Berg abgeleitet und wird mittlerweile jedoch von Alt- wie Neubewohnern als Anbiederung abgelehnt.

Bereits 1855/56 hatte eine englische Firma hier ein **Wasserwerk** mit einem schlanken, minarettartigen Steigrohrturm, offenem Tiefbecken und massivem Wasserturm errichtet. 1877 nahm das Wasserwerk den Betrieb auf, wurde aber bereits 1915 stillgelegt und zu einem Wohnhaus ausgebaut. Ein dunkles Kapitel hat auch dieser Ort: Während des Naziregimes war auf dem Gelände ein Konzentrationslager eingerichtet, der Keller des Wasserturms war eine berüchtigte Folterstätte.
Wenn Sie den Blick über die Häuser am nahen Kollwitzplatz streifen lassen, stellen Sie fest, dass mit dem Ausbau von Dachgeschossen viel neuer Wohnraum entstanden ist. Er gehört zu den teuren der Stadt.
Verlassen Sie den Berg, liegt vor Ihnen die **Rykestraße** und gleich links,

im Hof des Hauses Nr. 53, mit 2000 Plätzen Berlins größte **Synagoge**, die die Nazis wegen der angrenzenden Häuser nicht zerstörten. Sie wurde entweiht und zum Magazin und Pferdestall, 1953 aber instand gesetzt und wieder geweiht. Mit Jazz und Gospelrhythmen feierte die Gemeinde 2004 das 100-jährige Bestehen des neoromanischen Gotteshauses, das in Form einer dreischiffigen Basilika angelegt ist. Sie können es nicht besichtigen, aber einen Blick durch das schmiedeeiserne Tor mit den Davidssternen werfen. Links, hinter der Backsteinfassade des Vorderhauses, lag die jüdische Volksschule. Schmuck ist die Rykestraße geworden. Stuck, frischer Putz und neue Farben verbergen die wilhelminische Einheitsarchitektur vom Beginn des vorigen Jahrhunderts jedoch nicht, und selbst das letzte graue Haus in der Straße – falls es so eins noch gibt, wenn Sie kommen – verrät die einstige Arbeitersiedlung. Noch in den 1970er-Jahren spielte der Ost-Berliner Magistrat mit dem Gedanken, die Häuserzeilen komplett abzureißen und durch Plattenbauten zu ersetzen, setzte sie dann aber nur dem allmählichen Verfall aus.

Zufluchtsort von gestern

Der Verfall machte den Ortsteil Prenzlauer Berg – der heute zum Bezirk Pankow gehört – für unangepasste Ostler zur Zuflucht und für ebensolche Westler zum Mythos, der bis heute gepflegt wird. Wer nach Berlin wollte, in die Anonymität der Großstadt – und das wollten viele –, besetzte eine verlassene Wohnung im Seitenflügel oder Hinterhaus, ging nach einigen Monaten zum

Wohnungsamt und bekam einen Mietvertrag. Im schlechtesten Fall wurde ein Bußgeld fällig. Oder man ging eben nicht zum Wohnungsamt. So lebten hier Schriftsteller neben Malerinnen, Fotografen und Filmemacherinnen neben Arbeitern und älteren Leuten, die den Wechsel in die »bessere Gesellschaft« – auch – nicht geschafft hatten. Veränderungen waren nicht zu erwarten, Handwerker mieden die Gegend. West-Berliner missverstanden den Weg der Hausbesetzung aufgrund eigener anderer Erfahrung als politischen Protest und zogen aus Kreuzberg her – und bald wieder zurück.

Gehen Sie von der Synagoge nach rechts in die Knaackstraße und zum **Kollwitzplatz**, der bis 1947 Wörther Platz hieß. Wollten Sie in jedes Café, jedes Restaurant, in jede Kneipe einkehren, der Spaziergang würde sich unabsehbar verlängern. Das Kneipenzeitalter hat erst nach dem Mauerfall begonnen. Früher traf man sich privat, redete, trank etwas, zog zum nächsten … Im Februar 1989 allerdings besetzten einige junge Leute die ehemalige **Likörfabrik Westphal** am Kollwitzplatz und eröffneten ein Café, das zu einem der bekanntesten Treffpunkte der Alternativszene wurde.

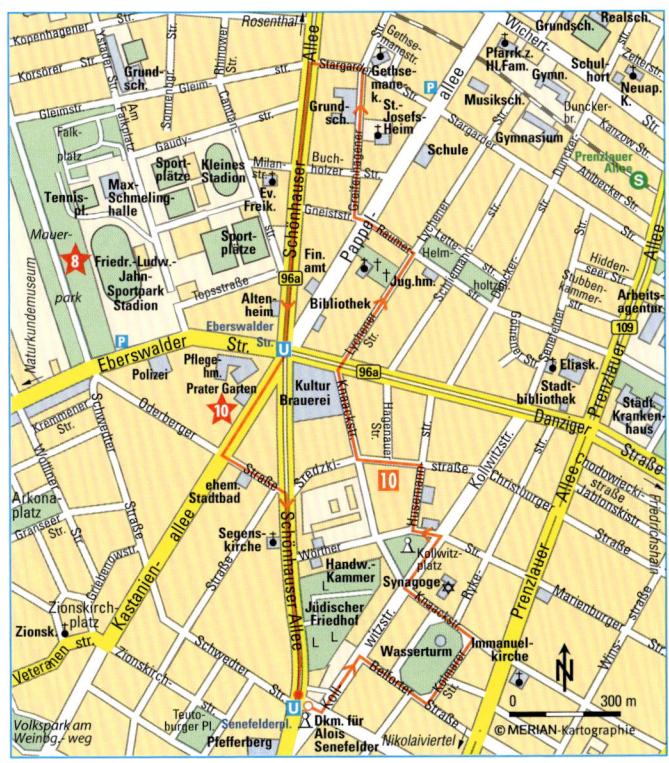

Unweit ihrer einstigen Wirkungsstätte, am Kollwitzplatz (▸ S. 115), erinnert seit 1958 eine Plastik von Gustav Seitz an die Bildhauerin Käthe Kollwitz (1867–1945).

Was Westler am Prenzlauer Berg faszinierte, war das Heimliche, Subversive. Auch wer im Osten an den heimlichen Treffen verschiedener Gruppierungen teilnahm, sah den Beginn der Kulturrevolte, die den Bezirk zum Mythos machte. 1985 war in der Bundesrepublik die Anthologie »Berührung ist nur eine Randerscheinung« erschienen, in der viele vertreten waren, die zu der Zeit in der Literaturszene im Prenzlauer Berg Rang und Namen hatten. Die Herausgeber hießen Elke Erb und Sascha Anderson. Das Buch wurde zum Geheimtipp der Literaturfreunde, die eine neue Sprache aus einer anderen Welt bewunderten. Geduldete Zwerge im »Schrebergarten der Stasi« nannte Biermann die Künstler, also unbedeutend im kontrollierten Raum. Sie selbst haben sich nicht so empfunden. Anderson wurde als Szene-Papst, als

Dichter und Philanthrop gefeiert und auch im Westen berühmt. 1986 war er der exilierten Ost-Boheme-Szene nach West-Berlin gefolgt. Rekonstruierte Stasi-Akten bewiesen, dass er seit 1971 als Inoffizieller Mitarbeiter (IM) für die Staatssicherheit gearbeitet hatte. Wolf Biermann hatte in seiner Büchner-Preis-rede schon 1991 von Sascha »Arschloch« Anderson gesprochen.

Erinnerung an ein einstiges Armenviertel

Am Spielplatz in der Mitte des Kollwitzplatzes klettern Kinder auf einer sichtlich müden **Käthe Kollwitz**, dem Bronzedenkmal, das Gustav Seitz im Jahr 1958 schuf. Mehr als 50 Jahre hat die Bildhauerin und Grafikerin mit ihrem Mann, dem Armenarzt Karl Kollwitz, in der Weißenburger Str. 25, der heutigen Kollwitzstraße, gelebt. Eine Gedenk-

Die KulturBrauerei (▶ S. 117), ein schöner Klinkerbau, in dem noch bis 1967 Bier gebraut wurde, zählt heute zu den größten alternativen Kultureinrichtungen Berlins.

tafel erinnert an beide. Das »Restaurant 1900« an der Ecke **Husemannstraße**, in die Sie jetzt einbiegen, gab es bereits zu DDR-Zeiten. Die Straße wurde für das 750-jährige Bestehen der Stadt Berlin 1987 originalgetreu saniert, das heißt Parterre und Souterrain und auch nur bis zur Kreuzung mit der **Sredzkistraße**. Eigentlich sind die Häuser hier Vorläufer der Plattenbauweise, denn der Deutsch-Holländische Actienverein, der sie Ende des 19. Jh. gebaut hatte, nutzte genormte Deckenbalken, Fassadenelemente und Balkonbrüstungen. Das ging schnell, war billig, und die Ziegel wurden in der Nähe, in einer Ziegelei am Helmholtzplatz, gebrannt. Gusseiserne Laternen gab es, Zunftzeichen und historische Straßenschilder – Museen bewahrten die Vergangenheit. Die Museen sind längst wechselnden Läden und Restaurants gewichen, die hellen

Wände sind mit Graffiti besprüht. Biegen Sie links in die Sredzkistraße ein und gehen an Läden und Restaurants vorbei, bis Sie der **KulturBrauerei,** auf der rechten Straßenseite, gegenüberstehen. Was wie eine große rote Ziegelburg aussieht, ist 1890 bis 1910 nach Plänen des Architekten Franz Schwechten für Jobst Schultheiss gebaut worden. Der hatte das Gelände gekauft, auf

KÄTHE KOLLWITZ

Das Haus an der Ecke Knaackstraße, in dem Käthe Kollwitz wohnte, wurde 1943 zerbombt. Die Künstlerin, die viele ihrer Modelle vor der Haustür fand, hatten die Nazis aus der Akademie der Künste ausgeschlossen und sie mit Ausstellungsverbot belegt. Schon Kaiser Wilhelm II. schmähte ihre Werke in aller Öffentlichkeit.

dem seit 1842 schon der Chemiker und Apotheker Heinrich Prell seine Norddeutsche Lagerbierbrauerei betrieben hatte. Schultheiss hatte das Geschäft nach Prells Tod fortgesetzt. Brauerei und Bier trugen nun also den Namen Schultheiss, und die Brauerei entwickelte sich bald zur größten in ganz Deutschland. Erst 1967 wurde der Betrieb in Prenzlauer Berg eingestellt.

Gehen Sie neben dem Kino hinein. Links hasten Leute zum Supermarkt, rechts wird an Biergartentischen geschwatzt und getrunken, und Sie fühlen sich schnell wie in einer Stadt in der Stadt. »Pferdestall«, »Kesselhaus« und »Alte Kantine« lesen Sie in großen Lettern. Das war gestern und ist nur gefällig restauriert, und die Arbeitsorte von früher sind heute Veranstaltungsorte. Am Ausgang Knaackstraße erinnert ein Museum an den DDR-Alltag. Man

kommt hierher ins Theater, zur Lesung oder zum Tanzen.

Eine Kommerzialisierung befürchteten Anwohner und Vereine, die das Gelände für sich nutzen wollten, als 1997 die Umnutzung der denkmalgeschützten Trutzburg zur Debatte stand. Zu Recht, und es funktioniert, sodass Brauereien wie Pfefferberg und Bötzow dem Beispiel folgten. Das Theater Sonnenuhr, bei dem Behinderte mit Nichtbehinderten auftreten, hat hier ebenso seinen Platz wie das Multiplex-Kino, Clubs und Weihnachtsmarkt. Im Zweiten Weltkrieg schufteten ukrainische Zwangsarbeiterinnen in den bombensicheren Tiefkellereien der Brauerei bei der Rüstungsproduktion. In den letzten Kriegstagen verschanzten sich 1000 Soldaten auf dem Gelände. Deserteure und Anwohner, die die weiße Fahne gehisst hatten, wurden standrechtlich erschossen.

Kaum zu glauben, wie beschaulich die Schönhauser Allee (▶ S. 113, 120), heute die größte und quirligste Einkaufsstraße in Prenzlauer Berg, um das Jahr 1860 aussah.

Um den Helmholtzplatz

An der Knaack-/Ecke Danziger Straße verlassen Sie das Gebäude, überqueren die viel befahrene Danziger Straße, die zu DDR-Zeiten Dimitroffstraße (nach dem bulgarischen Kommunistenführer Georgi Dimitroff) hieß, und gehen auf der Lychener Straße weiter. LSD heißt das Gebiet um den Helmholtzplatz im internen Sprachgebrauch, und das hat nichts mit Drogen zu tun, sondern fasst nur die Lychener-, Schliemann- und Dunckerstraße zusammen. Ein Gasthaus neben dem anderen: Hier isst man vietnamesisch, afrikanisch, indisch, spanisch, kubanisch, koreanisch … Rapide hat nach der Wende der Anteil exotischer Restaurants, aber nicht das Quantum ausländischer Bevölkerung zugenommen, die Kunde vom Aufbruch im »wilden Osten« war weit über die Landesgrenzen hinausgetragen worden.

An der Ecke Raumerstraße erreichen Sie den **Helmholtzplatz**, 1897 nach dem Arzt Hermann Ludwig Ferdinand von Helmholtz benannt, der den Augenspiegel erfand und so die Untersuchung des Augenhintergrundes ermöglichte. Da war die Ziegelei schon abgeräumt, deren Produkte Sie gerade in der Husemannstraße bewundert haben.

Ort der friedlichen Revolution

Biegen Sie nach links in die Raumerstraße, überqueren die Pappelallee zur Gneiststraße und biegen dann nach rechts in die Greifenhagener Straße. An der Ecke Stargarder Straße stehen Sie vor der **Gethsemanekirche**, die im Herbst 1989 mit Mahnwachen und am 7. Oktober, als

das 40-jährige Bestehen der Republik gefeiert wurde, auch mit Auseinandersetzungen mit der Staatsmacht und Verhaftungen vor dem Gotteshaus von sich reden machte. Ihre Größe und die innere Form eines Oktogons, aber auch ein toleranter Pfarrer Werner Widrat machten diese Kirche so geeignet für Versammlungen – zuerst des Weißenseer Friedenskreises, der Umwelt-Bibliothek und der Kirche von Unten. Menschen kamen, um nach ihren verhafteten Angehörigen zu fragen, neue Bewegungen verkündeten ihre Gründung, Initiativen veröffentlichten Adressen, die Kirche wurde zur unentbehrlichen Nachrichtenzentrale. Das Engagement war zu der Zeit für jeden Einzelnen eine mutige Tat. Aber hier erfuhr man auch von Hausdurchsuchungen, Schnellgerichtsurteilen, Ausweisungen und Solidaritätsaktionen. Demonstrationen endeten hier, Kerzen flackerten, vor der Kirche wuchs ein Wachsberg. Aus der Versöhnungskirche, die den Grenzanlagen an der Bernauer Straße weichen musste, wurde die Christusfigur geborgen und hier aufgestellt.

Biergartenkultur unter schattigen Kastanien wird auch in Berlin hoch geschätzt, hier im idyllischen Prater-Garten (▶ S. 121) in Prenzlauer Berg.

Von 1890 bis 1893, als die Kirche gebaut wurde, stand sie noch allein. Ihr Architekt August Orth hatte schon die Zionskirche entworfen, die jedoch ganz anders aussieht. Hier hat er dem historischen Rundbogenstil Schmuckelemente zugefügt, wie sie später üblich wurden.

Die Stargarder Straße führt direkt auf die Schönhauser Allee. Das **Kino Colosseum** gegenüber an der Ecke Gleimstraße steht dort, wo im Jahr 1894 die Große Berliner Pferde-Eisenbahn AG eine 77 m lange Wagenhalle mit Schmiede hatte errichten lassen. 360 Pferde trabten zur Jahrhundertwende über den Hof zu ihren Ställen. Als Omnibusse den Pferden die Arbeit wegnahmen, rollten – bis 1918 – Busse ins Depot. 1924 wurde eine Wagenhalle zum Kino für das Arbeiterviertel umgebaut, unterm Parkett lagen die Schienen. Auf 1200 Plätzen genossen hier die Berliner die Stummfilmzeit. Für Begleitmusik sorgte ein Orchester. Bei Massenarbeitslosigkeit und Inflation blieb das Publikum weg. Mit der Ufa, die das Haus 1930 übernahm, begann das Zeitalter des Tonfilms. Im Zweiten Weltkrieg wurde das Haus als Lazarett gebraucht, dann hatten die Sowjets Hausrecht und genehmigten erste Theatervorstellungen für Kinder. 1957 wurde es, wieder umgebaut, zum Premierenkino der Defa und zum ersten Totalvisionskino der DDR. Seit 1997 leuchtet, nach erneutem Umbau, der blaue Originalschriftzug wieder am Nachthimmel.

Alte Protokollstrecke Schönhauser Allee

Die **Schönhauser Allee** als »Protokollstrecke«, über die die Regierungsmitglieder zur Arbeit nach Pankow fuhren, genoss manches

Privileg. So wurde sie 1957 zum ersten innerstädtischen Sanierungsgebiet, Häuser wurden modernisiert und Lücken, die der Krieg geschlagen hatte, geschlossen. Auch als die Funktionärselite nach Wandlitz umgesiedelt worden war, das über die Greifswalder Straße zu erreichen war, blieb die Schönhauser Allee doch der Weg zum Gästehaus der DDR-Regierung im Schloss Schönhausen. Sie war eine beliebte und lebendige Straße, und erst nach dem Mauerfall mit Mietsteigerungen, Ansprüchen von Alteigentümern und vielen Baustellen verödete sie streckenweise. Jetzt ist sie wieder belebt, es gibt neue Läden und frische Farben. Gehen Sie die Schönhauser Allee in Richtung Süden hinunter.

An der Ecke Buchholzer Straße sehen Sie einen dunkelroten Klinkerbau, ähnlich denen in der Gneiststraße und in der Greifenhagener Straße. Alle haben denselben Bauherrn. Hier steht das Wohnblockensemble **Bremer Höhe**. 1853 hatte die Berliner Gemeinnützige Baugesellschaft auf dem Grundstück an der Ecke Schönhauser Allee nach dem Vorbild der englischen Wohnungsreformbewegung Häuser für Arbeiter gebaut, die ihnen nach 30-jähriger Mietzahlung gehören sollten. »Unsittlicher oder liederlicher Lebenswandel« sollte laut Mietvertrag zu Verlust der Wohnung führen, und so wurde die vermeintliche Wohltat wohl nicht zu Unrecht als Disziplinierungsmaßnahme verdächtigt. Die Baugesellschaft, deren Hauptfinanzier ein Senator aus Bremen war, geriet in finanzielle Schwierigkeiten. Um den Verkauf zu verhindern, gründeten 54 Mieter 2000 eine Genossenschaft, kauften

und sanierten die Gebäude mit heute 460 Wohnungen und legten die Höfe zusammen. Im Jahr 2007 wurden sie als beste Berliner Nachbarschaft ausgezeichnet.

Auf der anderen Straßenseite sind zu den Weltjugendfestspielen 1951 ein Stadion und Sportplätze, der **Friedrich-Ludwig-Jahn-Sportpark**, entstanden. Das Gebäude, das man im Hintergrund sehen kann, ist die **Max-Schmeling-Halle**, hinter der, von hier aus gesehen, der **Mauerpark** 🟊 verläuft. An der großen Kreuzung, gegenüber dem U-Bahnhof Eberswalder Straße, »wo Berlin am berlinischsten ist«, steht seit 1930 die legendäre Würstchenbude **Konnopke**, ein Familienunternehmen, das wegen seiner Currywurst nach der Wende zum Geheimtipp wurde.

»Volksbühne« seit 1852

Sie überqueren die Straße und gehen in die Kastanienallee. Staubschwarze Wände erschrecken Sie nicht mehr. Gehen Sie am gelben Haus auf der rechten Straße (Nr. 7–9) in den **Prater-Garten** 🔟. 1852 als Ausflugsziel und Vergnügungsstätte vor den Toren der Stadt eingerichtet, bot er

---

KASTANIENALLEE

Bei den Berlinern heißt die Kastanienallee längst Castingallee – wegen der schönen jungen Menschen, die hier täglich promenieren.

Platz für Sommertheater, Hofkonzerte und Operettenabende. Als die Gegend dicht bebaut war, hatten sich die Bedürfnisse der arbeitenden Bevölkerung geändert, man versammelte sich und traf sich zu Kund-

Wochenmarkt am Kollwitzplatz (▶ S. 123): Donnerstags und am Wochenende werden hier ausgesuchte Biowaren – von Freiland-Eiern bis Filzschuhen – feilgeboten.

gebungen; Rosa Luxemburg, Clara Zetkin und August Bebel hielten flammende Reden, Ernst Busch sang seine Lieder, und Erich Weinert trug seine bissigen Gedichte vor.

1946 wurde der Prater zum Theater, 1960 erhielt der Garten eine Freilichtbühne, und 1967 richtete sich das Kreiskulturhaus ein und bot Kinderfeste, Tanz in Saal und Garten und Markt mit Kaffee und Kuchen an, und irgendwann stimmte der alte Slogan nicht mehr: »Mutter, Tochter, Sohn und Vater, alle wollen in den Prater.« 1991 war Schluss, bis die

JÜDISCHE FRIEDHÖFE

In Berlin gibt es noch vier jüdische Friedhöfe. In Weißensee liegt der größte Westeuropas und das bedeutendste Kulturdenkmal seiner Art (Herbert-Baum-Str. 45, Tram 2, 3).

Volksbühne entdeckte, dass der Prenzlauer Berg der ideale Ort für eine zweite Spielstätte sein könnte. Im Biergarten ist im Sommer immer reger Betrieb, im Winter sitzt man angenehm in der Gaststätte.

Folgen Sie der Straße weiter bis zur Oderberger Straße, die gefällig saniert worden ist und in der sich Restaurants und kleine Geschäfte abwechseln. Im alten Stadtbad von 1902 kann man seit 2016 wieder schwimmen. Es gehört jedoch zu einer Sprachschule mit Hotel.

An der Ecke Schönhauser Allee sehen Sie links wieder die KulturBrauerei und an der Ecke »frannz«, dort, wo 1962 das Kreiskulturhaus Erich Franz eröffnete und die FDJ 1970 im Franz-Club Musik- und Tanzveranstaltungen bot. Renoviert und mit Slow-Food-Restaurant öffnete der Club 2004 wieder. Sie biegen rechts in die Schönhauser Allee ein und kommen am Kloster **Segen** (Nr. 161) vorbei, die Kirche, 1905 bis 1906 gebaut, ist wie viele Berliner Kirchen in die Flucht der Straßenfront einbezogen. Zwar steht der Turm vorne, die Kirche selbst ist über den Hof zu erreichen. Wer Stille sucht, kann auch im Kloster übernachten.

Jetzt gibt es keine Geschäfte mehr in der Schönhauser, aber einen grünen Mittelstreifen. Überqueren Sie die Straße und nach wenigen Schritten stehen Sie vor dem **Jüdischen Friedhof** (Nr. 23–25), zwischen den Häusern 1827 eingerichtet, als der Friedhof in der Großen Hamburger Straße geschlossen werden musste. Hier liegen die Gräber des Malers Max Liebermann und seiner Frau Martha, des Komponisten Giacomo Meyerbeer und des Verlegers Leopold Ullstein. In einem Abwasserschacht in der Nordwestecke hatten sich Kriegsgegner 1944 versteckt, wurden von der SS entdeckt und an den Bäumen erhängt.

Das Haus Nr. 22 diente der Jüdischen Gemeinde als Altersheim. 1941 wurden die Bewohner nach Auschwitz deportiert, die Keller von den Nazis als Arrest genutzt. Die DDR brachte die Volkspolizei-Inspektion Prenzlauer Berg hier unter, und die nutzte die Keller bis 1990 weiter. Residenz 22 nennt eine Immobilienfirma ihren Neubau mit 16 luxuriösen Wohnungen und wirbt für »die Gegend um den Kollwitzplatz als die begehrteste Lage in Prenzlauer Berg«. Hier endet der Spaziergang.

ESSEN UND TRINKEN

Pasternak ▸ S. 141, D 9
Pelmeni, Wareniki und Borschtsch stehen auf der Speisekarte, und im Winter gibt es manchmal russische Livemusik.
Knaackstr. 22–24 • Tel. 4 41 33 99 • www.restaurant-pasternak.de • tgl. 10–1 Uhr • €€

Lucky Leek ▸ S. 141, D 9
Vegane Küche auf hohem Niveau, sodass auch Nicht-Veganer dem Guide Michelin gern folgen.
Kollwitzstr. 54 • Tel. 66 40 87 10 • www.lucky-leek.de • Mi-So 18-22 Uhr • €€€

Prater ▸ S. 141, C 9
Klopse oder Gänsebraten – im Prater isst man berlinerisch.
Kastanienallee 7–9 • Tel. 0 30/4 48 56 88 • www.pratergarten.de • Mo–Sa ab 18, So ab 12, im Sommer Biergarten tgl. ab 12 Uhr • €

EINKAUFEN

Straßenmarkt in Prenzlauer Berg ▸ S. 141, D 9
Rund um den Kollwitzplatz gibt es donnerstags den Ökomarkt mit frischen Produkten aus dem Umland. Am Wochenende ist wieder Markt – gesunde Lebensmittel, dazu allerlei Krimskrams und Imbissstände.
Kollwitzplatz • Do 12–19, Sa, So 9–16 Uhr

Reisepraktisches von A–Z

BEVÖLKERUNG: Berlins Bevölkerung besteht aus 183 Nationen, der Ausländeranteil liegt bei 18 %, die meisten Ausländer stammen aus der Türkei, Polen und Italien, seit 2016 gefolgt von Menschen aus Syrien. 31 % der Berliner sind Deutsche mit Migrationshintergrund, die meisten aus der Türkei, aus Polen und der Russischen Föderation. Die Bevölkerung wächst jährlich um 40 000.

EINWOHNER: 3,653 Mio.
FLÄCHE: 891,82 km²
INTERNET: www.berlin.de
NATIONALFEIERTAG: 3. Oktober, Tag der Deutschen Einheit
RELIGION: 25 % der Berliner gehören der evangelischen (zu 3/4) oder katholischen Kirche an.
VERWALTUNG: Berlin ist Hauptstadt der Bundesrepublik Deutschland und Bundesland. Die Stadt ist in 12 Bezirke aufgeteilt.

◄ Rund 300 000 Fahrgäste täglich kann der Hauptbahnhof (► S. 126) in Berlin-Mitte abfertigen.

ANREISE

MIT DEM AUTO

Direkte Autobahnverbindungen nach Berlin gibt es von Hamburg und Rostock, von Köln/Bonn über Hannover, von Frankfurt/Main über Braunschweig und von München über Leipzig, von Dresden und von Szezcin (Stettin)/Polen. Alle Autobahnen führen auf den Berliner Ring. Wer plant, mit dem Auto nach Berlin zu fahren, sollte vorher einen Blick auf das Geflecht der Stadtautobahn werfen. Denn von der richtigen Abfahrt sind alle Stadtteile mühelos zu erreichen.

Seit dem 1. Jan. 2008 darf man die Innenstadt zur Feinstaubminderung innerhalb des S-Bahnrings nur mit einem Auto mit **Umweltplakette** befahren, ansonsten droht ein Bußgeld in Höhe von 40 €.

MIT DEM BUS

Mehr als 350 Orte in Deutschland und Europa, von Hamburg bis München, Amsterdam, Paris oder Wien, sind mit Berlin durch Fernbuslinien verbunden. Auch Verbindungen nach Polen und in die baltischen Länder.

ZOB   ► S. 142, A 13

Zentraler Omnibusbahnhof mit Information, Reisebüro, Geldautomat, Ticketschalter, barrierefreiem WC und Imbiss, 24-Stunden-Betrieb. Charlottenburg-Wilmersdorf • Masurenallee 4–6 • Tel. 30 10 01 75 • www.iob-berlin.de • U-Bahn: Kaiserdamm, S-Bahn: Messe Nord/ ICC, Bus: 49, 104, 139, 218: Masurenallee

MIT DEM FLUGZEUG

Günstige Tarife nach Berlin gibt es von vielen deutschen und europäischen Flughäfen, am besten informiert man sich übers Internet.

Auf **www.atmosfair.de** und **www.myclimate.org** kann jeder Reisende durch eine Spende für Klimaschutzprojekte für die CO_2-Emission seines Flugs aufkommen.

Flughafen Berlin Brandenburg
Willy Brandt (BER)   ► S. 147, südl. F 24

Die Eröffnung des neuen Flughafens war zunächst für 2012 geplant, wurde aber wegen Fehler bei Planung und Bau auf einen unbekannten Zeitpunkt verschoben.

Flughafen Tegel (TXL)
»Otto Lilienthal«   ► S. 136, nördl. C 1

Infoline Tel. 01 80/5 00 01 86; Verkehrsverbindung: Expressbus X9 bis Kurfürstenstraße/Lützowplatz (ca. 30 Min.), JetExpress-Bus TXL vom Flughafen Tegel über Potsdamer Platz bis Unter den Linden/Alexanderplatz; Bus 109 bis Jakob-Kaiser-Platz und Zoo; 8 km bis zum Zentrum.

Flughafen Schönefeld (SXF)
                         ► S. 147, südöstl. F 24

Infoline Tel. 01 80/5 00 01 86; RE 7 alle 30 Min. vom Hauptbahnhof aus (28 Min.), S 45 über Tempelhof bis Messegelände, S 9 über Ostkreuz, Schönhauser Allee und Pankow bis Blankenburg, Expressbus X7 ab U-Bahnhof Rudow, Schnellbus SXF zum Bahnhof Südkreuz.

Fluginformationen/-reservierungen Air Berlin

Tel. 0 18 05/73 78 00 • www.air berlin.com

Austrian Airlines
Lufthansa-Schalter • Tel. 0 18 03/
00 05 20 • www.austrian.com

Lufthansa City Center
Tel. 88 75 57 15-17
– City Travel & Touristik GmbH •
Friedrichstr. 185–190 • Tel. 20 39
19 12-18, 0 18 03/80 38 03 • www.
lufthansa.com

MIT DEM ZUG
Mit dem neuen Berliner Hauptbahnhof haben die Zentralbahnhöfe
West (Bahnhof Zoologischer Garten) und Ost (Ostbahnhof) ihre Bedeutung für den Fernverkehr verloren. Wichtigste Bahnhöfe sind der
Hauptbahnhof in Mitte, Bahnhof
Gesundbrunnen im Norden und als
Südkreuz der ehemalige Bahnhof
Papestraße, beide auch S-Bahn-Sta-
tionen auf dem Ring, der die Innenstadt umrundet. Sieben Buslinien
fahren zum Hauptbahnhof, U- und
S-Bahn (vom Brandenburger Tor),
fünf zum Bahnhof Südkreuz. Vom
Ostbahnhof fahren nur noch Fern-
züge nach Frankfurt/Main. Am
Bahnhof Zoologischer Garten halten nur noch Nachtzüge nach Köln.

Deutsche Bahn
Tel. 01 80/5 99 66 33 (14 ct/Min. aus
dem deutschen Festnetz) • kostenlose Fahrplanauskunft Tel.
08 00/1 50 70 90 • www.bahn.de

AUSKUNFT
IN ÖSTERREICH
UND DER SCHWEIZ
**Deutsche Zentrale für Tourismus
in Österreich**
Schubertring 12 • 1010 Wien •
Tel. 15 13 27 92 • E-Mail:
deutschland.reisen@d-z-t.com

Deutsches Verkehrsbüro
Talstr. 62 • 8001 Zürich •
Tel. 0 44-2 13 22 00 •
www.deutschlandtourismus.de

IN BERLIN
**Berlin Tourismus & Kongress
GmbH**   ▶ S. 145, E 18
Tiergarten • Am Karlsbad 11 •
10785 Berlin • Tel. 0 25 00 25 • www.
visitberlin.de • www.visitberlin.TV

Berlin Info-Stores
Über ganz Berlin verteilt finden sich
diese Auskunftsstellen. Sie halten
Informationen rund um Berlin be-
reit. Hier kann man auch Hotels und
Tickets buchen.
– Brandenburger Tor Mitte • Pariser
Platz, Südflügel • U-Bahn: Branden-
burger Tor • tgl. 9.30–18 Uhr
▶ S. 139, F 8
– Hauptbahnhof Mitte • Eingang
Europaplatz • S-Bahn: Hauptbahn-
hof • tgl. 8–22 Uhr   ▶ S. 139, E 7
– Fernsehturm Mitte • Panorama-
str. 1a • April-Pkt. Tgl. 10–18, Nov.–
März 10–16 Uhr   ▶ S. 140, C 11
– ZOB Charlottenburg • Masurenallee
4–6 • tgl. 8–20 Uhr   ▶ S. 142, A 13
– Europa-Center Charlottenburg •
Tauentzienstr. 9 • Mo–Sa 10-20 Uhr
▶ S. 144, A 17
– Flughafen Tegel • Terminal A,
Date 1 • tgl. 8–21 Uhr   ▶ S. 136, nördl. C 1
– Flughafen Schönefeld Haupthalle
Erdgeschoss • tgl. 7–22.30 Uhr
S. ▶ 147, südöstl. F 24

BEHINDERTE
Behindertenhilfe
– Berliner Behinderten-Verband
Mitte • Jägerstr. 63 D • Tel. 2 04 38 47
▶ S. 140, A 12
– Fahrdienst für Behinderte
Tel. 4 10 21 11 (5–1 Uhr)

BUCHTIPPS

Dorothee Fleischmann: Berlin. Eine Stadt in Biographien: MERIAN porträts (TRAVEL HOUSE MEDIA, 2012) 20 ausgewählte Biografien zeichnen ein historisches wie auch aktuelles Bild der Stadt.

Ulrich Gutmair: Die ersten Tage von Berlin – Der Sound der Wende (Tropen, 2013) Gutmair war dabei, als die gerade noch geteilte Stadt in der historischen Mitte den Sound fand und erfand, der Berlin zur pulsierenden Metropole werden ließ.

Oliver Hilmes: Berlin 1936 (Siedler, 2016) 16 Tage im August, als Berlin bei den Olympischen Spielen jubelte, während vor der Stadt das erste KZ entstand.

Monika Maron: Geburtsort Berlin (S. Fischer Verlag, 2005) Acht Texte, die das Lebensgefühl in der schönsten aller grauen Städte vermitteln.

Cees Nooteboom: Berlin 1989/2009 (Suhrkamp Verlag, 2009) Die »Berliner Notizen« des niederländischen Autors gelten als Klassiker.

Julius H. Schoeps: Berlin – Geschichte einer Stadt (be.bra Verlag, 2001) Ein wunderbares Geschichtsbuch, zu dem das Bildarchiv Preußischer Kulturbesitz selten gesehene Fotos beigesteuert hat.

Frederick Taylor: Die Mauer (Siedler, 2009) Deutsch-deutsche Nachkriegsgeschichte vom verlorenen Krieg, der Teilung des Landes und deren Bedeutung für die Menschen in Ost und West.

Gabriele Tergit: Käsebier erobert den Kurfürstendamm (Schöffling & Co, 2016) Der Debütroman einer jungen Journalistin hat Berlin und den Ku'damm schon 1931 erobert. Er beschreibt Aufstieg und Fall eines Volkssängers.

FEIERTAGE

1. Jan. Neujahr
Karfreitag
Ostersonntag/-montag
1. Mai Tag der Arbeit
Christi Himmelfahrt
Pfingstsonntag/-montag
3. Okt. Tag der Deutschen Einheit
25./26. Dez. 1. und 2. Weihnachtsfeiertag

FÜHRUNGEN

ADFC ▸ S. 140, B 10

Ob Fahrradkarte, -reparatur, -Stadtplan, Online-Tourenplaner oder geführte Tour durch Berlin oder Brandenburg, der Service ist umfassend. Mitte • Brunnenstr. 28 • Tel. 4 48 47 24 • www.adfc-berlin.de • Mo–Fr 12–20, Sa 10–16 Uhr

Audiotouren

Bei diesen Touren ist man mit dem Kopfhörer unterwegs. Man muss nur ein portables Abspielgerät (z. B. einen MP3-Player) mitbringen. MegaeinsVerlag • www.hearwego.de

Berliner Autoren Führungen ▸ S. 140, B 10

Thematische Spaziergänge: Hinterhoftouren, Literatur, Film, Stadt- und Architekturgeschichte. Mitte • Große Hamburger Str. 29 • Tel. 2 82 58 77 • www.berliner-autoren-fuehrungen.de

Berliner Geschichtswerkstatt ▸ S. 144, C 19

Thematische Stadtrundfahrten auf dem Schiff über Spree und Landwehrkanal, Literatur, Emigrantengeschichten und Abendtouren. Schöneberg • Goltzstr. 49 • Tel. 2 15 44 50 • www.berliner-geschichtswerkstatt.de

Berlin Walks ▶ S. 142, westl. A 14

Ideal für alle, die Englisch sprechende Freunde oder Geschäftspartner auf Tour schicken möchten.
Wilmersdorf • Harbigstr. 26 • Tel. 3 01 91 94 • www.berlinwalks.com

Go art! ▶ S. 145, E 17

Individuelle Galerie-, Atelier-, Mode-, Green-Design und Architekturführungen für Kleingruppen.
Tiergarten • Potsdamer Str. 81b • www.goart-Berlin.de

LobbyControl

Ein gemeinnütziger Verein hat es sich zur Aufgabe gemacht, Methoden und Alltag der Einflussnehmer öffentlich zu machen. Dazu gehören auch Stadtführungen durch das Regierungsviertel, die Orte und Netzwerke der Lobbyisten zeigen.
www.lobbycontrol.de

StattReisen ▶ S. 136/137, nördl. C/D 5

Historisches, Literatur, Film, Theater, jüdisches Berlin, Mauerspaziergang, Pankow, Tempelhof, Potsdam.
Wedding • Liebenwalder Str. 35a • Tel. 4 55 30 28 • www.stattreisen berlin.de

VideoBustour ▶ S. 139, F 7

Führungen, Rundfahrten; Videobustour zu Gestern und Heute.
Mitte • Luisenstr. 41 • Tel. 44 02 44 50 • www.videobustour.de

---

Preise für ein Doppelzimmer mit Frühstück:
€€€€ ab 240 €   €€€ ab 140 €
€€ ab 90 €   € bis 90 €

HOTELS

Liegen die Preise auch jetzt schon unter dem sonst üblichen Hauptstadtniveau, haben Berlin-Besucher dennoch immer wieder die Chance auf Vergünstigungen und Preisnachlässe. Wer im Urlaub den besonderen Komfort einer **Ferienwohnung** schätzt, findet zunehmend originelle Unterkünfte in **Gästezimmern** und **Apartments**. Sie werden hier gesondert aufgeführt.

HOTELS €€€€

Adlon ▶ S. 139, F 8

Die Legende • Für viele in den 1920ern das schönste Hotel der Welt – und für die damalige Zeit atemberaubend modern –, mit Gästen, die Charlie Chaplin und Thomas Mann hießen. Man blickt wieder aus den Speisezimmern auf das Brandenburger Tor – und drinnen auf Neu-Berliner wie Udo Lindenberg.
Mitte • Unter den Linden 77 • S-Bahn: Brandenburger Tor • Tel. 2 26 10 • https://www.kempinski.com/de/berlin/hotel-adlon/ • 385 Zimmer • 🐾 • €€€€

Casa Camper ▶ S. 140, B 10

Minibar für alle • Design-Hotel, nur wenige Schritte vom Hackeschen Markt entfernt, mit luxuriös ausgestatteten Zimmern. 24 Stunden frische Speisen und Getränke mit Blick über die Dächer der Stadt.
Mitte • Weinmeisterstr. 1 • U-Bahn: Weinmeisterstraße • Tel. 20 00 34 10 • www.casacamper.com/berlin • 51 Zimmer • €€€€

Scandic ▶ S. 145, E 17

Mit Umweltsiegel • Elche überwachen das Foyer. Das skandinavische Umweltsiegel hat das große, aber zugleich behagliche und nachhaltige Hotel seit seiner Eröffnung im Jahr 2010. Parkett statt Teppich freut Allergiker, die Küche orientiert sich am

britischen Starkoch Jamie Oliver, auch bei der Kinderspeisekarte. Und die Lage am Potsdamer Platz ist für Stadtwanderer ideal.
Mitte • Gabriele-Tergit-Promenade 19 • U-Bahn: Potsdamer Platz • Tel. 7 00 77 90 • www.scandichotels. de • 563 Zimmer • €€€€

HOTELS €€€

Albrechtshof ▶ S. 139, F 7
Ideal für Musenfreunde • In der Nähe der Theater, Unter den Linden und Friedrichstraße. Haus des Verbandes christlicher Hotels mit schönem Innenhof.
Mitte • Albrechtstr. 8 • U-/S-Bahn: Friedrichstraße • Tel. 30 88 60 • www.hotel-albrechtshof.de • 100 Zimmer • 🐾 • €€€

Hackescher Markt ▶ S. 140, B 11
Für Nacht-Aktive • Ganz nah tobt das Leben, ganz nah wartet die Straßenbahn, die Fenster schlucken den Schall, woher er auch kommt. Man wohnt zwischen englischen Stoffen und mit luxuriösem Bad mit Fußbodenheizung. In der Bar liegt französisches Flair in der Luft
Mitte • Große Präsidentenstr. 8 • S-Bahn: Hackescher Markt • Tel. 28 00 30 • www.q-berlin.de • 31 Zimmer • 🐾 • €€€

HOTELS €€

Arte Luise ▶ S. 139, F 7
Räume wie Träume • Über die »Fülle des leeren Raumes« spekuliert ein Philosoph im Treppenhaus des einzigartigen Hotels am Regierungsviertel. Die Gäste erleben 50 Kunstwerke, die auch Zimmer genannt werden dürfen, immerhin jedes von einem anderen Künstler aus Berlin, New York oder Usbekistan gestaltet.
Mitte • Luisenstr. 19 • U-Bahn: Friedrichstraße • Tel. 28 44 80 • www. luise-berlin.com • 50 Zimmer • €€

HOTELS €€

Hüttenpalast ▶ S. 147, E 23
Kurios • Ungewöhnlich übernachtet man in einer ehemaligen Staubsaugerfabrik im angesagten Kreuzkölln. Holzhütten und Wohnwagen sind in ein Loft gebaut. Allerdings müssen die Bewohner Toiletten und Duschen mit andern teilen.
Neukölln • Hobrechtstr. 66 • U-Bahn: Hermannplatz • Tel. 37 30 58 06 • www.huettenpalast.de • 10 Hütten, Campingwagen und Hotelzimmer • ♿ • €

GÄSTEZIMMER UND APARTMENTS

Miniloft ▶ S. 139, F 6
Preisgekrönte Architektur • Gelungene Verbindung von Alt- und Neubau und darin Minilofts, Apartments von 30 bis 45 m² für den unabhängigen Stadtbesuch. Die großen Lofts haben Küchenzeile, Waschmaschine und DSL. Deutsches Theater und Friedrichstadtpalast liegen nah.
Mitte • Hessische Str. 5 • U-Bahn: Museum für Naturkunde • Tel. 8 47 10 90 • www.miniloft.com • 8 Apartments • €€

Schoenhouse Studios ▶ S. 141, D 10
Ruhig und modern • Zehn Minuten geht man zu Fuß zum Senefelder oder zum Kollwitzplatz, alle paar Minuten fährt die Tram zum Alex, so wohnt man mittendrin und doch ganz ruhig in den großzügig eingerichteten Studios.
Prenzlauer Berg • Prenzlauer Allee 241 • Tram M2: Metzer Straße • Tel. 47 37 39 70 • www.schoenhouse. de • 34 Apartments • €€

INTERNET UND APPS

www.visitberlin.de
Website der Berlin Tourist Information: Aufgeführt sind Hotels, Verkehrsmittel, Ticketreservierung, Ausstellungen, spezielle Angebote.

www.berlin.de
Offizielle Berlin-Site: Verwaltung, Politik, Ämter, aber auch Veranstaltungen, Sport, Stadtplan, Branchen, Informationen für Touristen.

www.berlinonline.de
Datenbank mit praktischen Informationen, wie etwa Veranstaltungen, Kino- und Theaterprogramm, Restaurants, aber auch Apotheken, Kulturorte, Geldautomaten.

www.art-in-berlin.de
Online-Magazin mit aktuellen Infos über Kunst, Architektur, Literatur und Ausstellungen in Berlin.

www.prinz.de
Aktuelle Informationen über Veranstaltungen, Gastronomie und Lifestyle in Berlin.

www.berlin-airport.de
Website des Berliner Flughafens mit Lande- und Abflugzeiten.

www.orte-der-erinnerung.de
Gedenkstätten, Dokumentationszentren und Museen zur Geschichte der nationalsozialistischen Diktatur in Berlin und Brandenburg.

Audioguide zum Bus 100
App, die auf der beliebten und günstigen Stadtrundfahrt die 22 Sehenswürdigkeiten zwischen Alexanderplatz und Zoo erklärt.

Going Local Berlin
Mit über 700 Ausgehtipps, Veranstaltungen und Restaurant-Empfehlungen lockt der mobile Reiseführer in die 60 Berliner Kieze – kostenlos.

mtrip BER
Infos zu Museen, Theatern, Hotels, Geschäften – nur Android.

Berlin History Guide und Berliner Kalter Krieg Guide
GPS-gesteuerte Stadtführer-Apps, die zu historischen Orten führen, mit Filmausschnitten aus dem vorigen Jahrhundert.

Mauer-App
Preisgekrönte kostenlose App der Bundeszentrale für politische Bildung, die den Verlauf der Mauer zeigt, detaillierte Informationen.

Fahrinfo Berlin
Routenplaner für den Nahverkehr.

Taxi Berlin
Wo steht das nächste Taxi, wie lange dauert die Fahrt bis zum Ziel, was kostet sie, mit Bestell- und Reservierungsfunktion.

FahrInfoPlus
Mobile Freiheit für Smartphone-Nutzer mit den Betriebssystemen Android, Windows Phone und iOS (Apple). Das Mobiltelefon kann als Fahrschein eingesetzt werden und informiert über Fahrverbindungen. Standorte verfügbarer Carsharing-Fahrzeuge von car2go und DriveNow werden auf einer interaktiven Umgebungsansicht dargestellt und können, falls benötigt, auch reserviert werden.

KARTENVORVERKAUF

Es kann oft ratsam sein, Karten für Veranstaltungen im Vorverkauf zu erwerben. Allerdings bezahlt man im Vorverkauf zusätzlich rund zehn Prozent Gebühren.

Abida Theaterkasse ▸ S. 143, südl. F 16
Bestellte Karten werden in alle Welt versandt, Kreditkarten akzeptiert. Wilmersdorf • Detmolder Str. 65 • 10715 Berlin • Tel. 8 53 20 44 • Fax 85 72 91 91

Berliner Festspiele   ► S. 144, A 18
Charlottenburg • Schaperstr. 24 •
10787 Berlin • Tel. 25 48 91 00 • www.
berlinerfestspiele.de

Berlin Ticket im KaDeWe
   ► S. 144, B 18
Schöneberg • Tauentzienstr. 21–24 •
10789 Berlin • Tel. 2 17 77 54 • www.
berlin-ticket.de

Hekticket
Hier können Tickets für denselben
Abend erworben werden, oft zum
ermäßigten Preis, ab 14 Uhr. Infos
unter: www.hekticket.de
– Kartenkiosk   ► S. 140, C 11
Mitte • Karl-Liebknecht-Str. 13 •
Kulturkiosk am Berlin Carré •
Tel. 2 30 99 30
– Charlottenburg •   ► S. 143, F 13
Hardenbergstr. 29d (in der Deut-
schen Bank) • Tel. 2 30 99 30

MEDIZINISCHE VERSORGUNG
KRANKENVERSICHERUNG
Für Österreicher und Schweizer ist
die Vorlage einer Europäischen
Krankenversicherungskarte (EHIC)
ausreichend. Als zusätzlicher Ver-
sicherungsschutz empfiehlt sich der
Abschluss einer Auslandskranken-
versicherung.

KRANKENHAUS
Charité Campus Mitte   ► S. 139, F 7
Mitte • Charitéplatz 1 • Tel. 4 50 50

APOTHEKEN
Apotheken sind meist Mo–Fr von
9–18, Sa von 9–14 Uhr geöffnet.

Apotheke am Hauptbahnhof
   ► S. 139, E 6
Mitte • Europaplatz 1 • Tel. 20 61
41 90 • tgl. 24 Std.

NOTRUF
Euronotruf Tel. 112
(Polizei, Feuerwehr, Rettungsdienst)
Ärztlicher   Bereitschaftsdienst
Tel. 116 117

POST
Briefmarken erhält man in den Post-
filialen. Eine Postkarte nach Österreich und in die Schweiz kostet
0,90 €.

REISEDOKUMENTE
Österreicher und Schweizer können
mit einem gültigen Reisepass oder
Personalausweis   (Identitätskarte)
einreisen. Kinder unter 16 Jahren
benötigen ein eigenes Reisedoku-
ment.

REISEWETTER
Berlin ist eine Sommerstadt, auch
wenn die manchmal geradezu sibi-
rischen Winter mit zugefrorenen
Flüssen und Seen sehr schön sein
können. Ab Mai werden die winter-
ruppigen Berliner mit den ersten
wärmenden Sonnenstrahlen auffallend freundlich.

SCHIFFSRUNDFAHRTEN
Eine Fülle von kurzen und längeren
Dampferfahrten, durch die Mitte,
unter den Brücken und vieles mehr,
wird mittlerweile von einer Vielzahl
Unternehmen angeboten.

Historischer Hafen Berlin
   ► S. 140, C 12
Touren mit Museumsschiffen. Im
Maßkahn »Renate-Angelika« von
Mai–Okt. Ausstellung zu Binnen-
schifffahrt auf Spree und Havel.
Märkisches Ufer • U-Bahn: Märki-
sches Museum • Tel. 21 47 32 57 •
www.historischer-hafen-berlin.de

Reederei Riedel GmbH

▸ S. 147, südöstl. F 22

Täglich Cityrundfahrten, Abendfahrten und Sonderveranstaltungen. Wichtigste Anlegestellen: Hansabrücke, Haus der Kulturen der Welt, Märkisches Ufer/Jannowitzbrücke, Alte Börse, Potsdamer Brücke.
Köpenick • Nalepastr. 10–16 • Tel. 67 96 14 70 • www.reederei-riedel.de

Reederei Bruno Winkler ▸ S. 137, D 3

City-Tour durch das historische und moderne Berlin.
Tel. 3 49 95 95 • www.reederei winkler.de

Stern- und Kreisschifffahrt GmbH

▸ S. 147, östl. F 22

25 Linien in und um Berlin.
Wichtigste Anlegestellen: Schloßbrücke, Charlottenburg, Friedrichstraße, Bahnhof, Mitte, Nikolaiviertel, Mitte, Schlesisches Tor, Kreuzberg, Hafen Treptow.
Tel. 53 63 60-0 • www.sternund kreis.de

STADTRUNDFAHRTEN

Die meisten Rundfahrten starten am Kurfürstendamm zwischen Zoo (Rankestraße) und Uhlandstraße, manche auch im Nikolaiviertel am Alexanderplatz (Forum Hotel). Die Touren kosten 15–25 € und dauern ca. 2–3 Stunden. Tipp: Auch auf der Buslinie 100 oder 200 vom Bahnhof Zoo bis zum Alexanderplatz sieht man wichtige Sehenswürdigkeiten.

TELEFON

VORWAHLEN

A, CH ▸ Deutschland 00 49
Deutschland ▸ A 00 43
Deutschland ▸ CH 00 41
Berlin 0 30

VERKEHR

AUTO

Wer sein Auto im Umkreis von Kurfürstendamm oder Unter den Linden oder an den Einkaufszentren anderer Bezirke abstellen will, muss einen Parkschein ziehen und mit Kontrollen rechnen. Gebührenpflichtig sind die Zeiten Mo–Fr von 9–20 (oder 22) und Sa 9–14 (oder 19) Uhr, um den Hackeschen Markt bis 24 Uhr. Die Parkgebühr für 30 Min. beträgt 0,50–2 €, in den Parkhäusern in Zoo-Nähe bis zu 3,50 € für eine Stunde. Wer beliebig freie Flächen zu Parkplätzen erklärt, muss damit rechnen, dass sein Wagen abgeschleppt wird. Diese »Umsetzung« kostet: von der Polizei angeordnet 136 €, von der BVG 97 €, vom Ordnungsamt 199 €. Wo man sein Fahrzeug wiederfindet, erfährt man unter 030/46 64-70 98 00.

Leihwagen können am Flughafen und im Europa-Center bei den bekannten Verleihstationen angemietet werden. Den Standort von Carsharing-Autos erfährt man über FahrInfoPlus (s. S. 130, Apps).

FAHRRAD

Auf den ersten Blick scheint es kaum ratsam, Berlin mit dem Rad zu erobern, aber ein großer Teil außerhalb der Innenstadt ist mit dem Rad gut bewältigbar. Schilder weisen auf Fahrradwege und Entfernungen hin. Einige Hotels stellen ihren Gästen Räder zur Verfügung, man kann sie auch an den Bahnhöfen Zoologischer Garten (Tel. 29 74 93 19) und Lichtenberg (Tel. 29 71 29 49) ausleihen. In Mitte, Prenzlauer Berg, Kreuzberg und Neukölln werden in zahlreichen kleinen und größeren Läden Fahrräder ausgeliehen. Außerdem kann man ein Rad über Nextbike mieten, Registrierung per App, Website (www.nextbike.de) oder Hotline (Tel. 030/69 20 50 46). Für 1 € kann man eine halbe Stunde fahren, für 9 € den ganzen Tag. 700 Stationen mit 5000 Rädern sollen bis Ende 2018 zur Verfügung stehen. Callbikes der Bahn (www.callabike. de) sind nicht an festen Stationen, sondern innerhalb des S-Bahn-Ringes in der Stadt verteilt.

ÖFFENTLICHE VERKEHRSMITTEL

Berlin hat ein dichtes U- und S-Bahn-Netz, ergänzt durch Buslinien und ab ca. 0.30 Uhr Nachtbuslinien. Alle U-Bahn-Linien (außer U 4) verkehren am Wochenende und vor Feiertagen nachts im 15-Minuten-Takt. Es gibt drei verschiedene Tarifzonen. Ein Einzelfahrschein für zwei Zonen (A, B), zwei Stunden gültig, kostet 2,80 € (Kinder und große Hunde 1,70 €), für die Zonen B, C 3,10 € (erm. 2,10 €), für alle Zonen 3,40 € (erm. 2,40 €), für Kurzstrecken (drei Stationen mit U-, S- oder Regionalbahn oder sechs Stationen mit Bus oder Straßenbahn) 1,70 € (erm. 1,30 €). Eine Tageskarte kostet in den Zonen A, B 7 € (erm. 4,70 €), in den Zonen B, C 7,70 € (erm. 5,10 €), in den Zonen A, B, C 7,70 € (erm. 5,40 €). Eine Kleingruppenkarte gibt es für 19,90 €. Die 4-Fahrten-Karte Berlin A, B kostet 9 € (erm. 5,60 €). (Preise aktuell im Apr. 2017) BVG-Call-Center: Tel. 1 94 49 • www.bvg.de • Fahrinfo per Handy: mobil.bvg.de

TAXIS

Es gibt zahlreiche Taxiunternehmen in Berlin. Der Kurzstreckenpauschaltarif bis zu 2 km oder fünf Minuten (nach Heranwinken) kostet 5 €, sonst 2 € (bis zu 7 km) bis zu 1,50 €/km bei einem Grundpreis von 3,90 €. Zuschlag von 5 € in Großraumtaxis ab 5 Personen.
Würfelfunk: Tel. 21 01 01
City Funk: Tel. 21 02 02
Funk Taxi Berlin: Tel. 26 10 26
Quality Taxi: Tel. 26 30 00
Taxi Funk Berlin: Tel. 44 33 22
Taxi Call Center: Tel. 20 20 20

VELO-TAXIS

Sie sind gelb, orangerot oder grün, heißen Velo-Taxis und sind Hightech-Dreiräder, die auf Busspuren, Fahrradwegen und durch Parks mit ihren Fahrgästen durch die Hauptstadt rollen. 150 Chauffeure waren im Frühjahr 1997 die Ersten im Land, die in einen neuen Dienstleistungsberuf radelten. Eine Probephase hatte Fahrer und Fahrgäste, vom Fahrbahnrand gelegentlich schon mal als Ausbeuter beschimpft, einige Nerven gekostet. Aber dann ging es los, mit drei Routen, die bis zum Oktober täglich von 12 bis 18 Uhr befahren werden. Wer mitfahren will, winkt.
Linie 1: Wittenbergplatz zum Adenauerplatz; Linie 2: Zoo zum Brandenburger Tor; Linie 3: Brandenburger Platz zum Alexanderplatz.
Standplätze: Wittenbergplatz, Adenauerplatz, Zoo, Brandenburger Tor, Alexanderplatz.
Tel. 4 43 19 40 • www.velotaxi.de

WELCOMECARD

Eine WelcomeCard, an den Kartenverkaufsstellen, bei den Touristeninformationen und in Hotels erhältlich, gilt zwei bis fünf Tage in Berlin und Potsdam und kostet für einen Erwachsenen und drei Kinder

unter 14 Jahren ab 19,50 € (2 Tage) bzw. 26,50 € (3 Tage) oder 37,50 € (5 Tage). Sie gewährt neben uneingeschränkter Fahrt mit öffentlichen Verkehrsmitteln viele Vergünstigungen, z. B. bei Stadtrundfahrten, Führungen und Schifffahrten in beiden Städten. Mit der 3-Tage-Karte Museumspass (24 €, erm. 12 €) kann man etwa 50 Museen inkl. Museumsinsel besuchen.
www.visitberlin.de

ZEITUNGEN UND ZEITSCHRIFTEN
In Berlin gibt es neun Tageszeitungen. Aktuelle Wochenübersichten über kulturelle Veranstaltungen gibt es z. B. in »Tagesspiegel« und »Berliner Zeitung« am Donnerstag. Alle 14 Tage erscheinen alternierend »Zitty« und »Tip« mit Veranstaltungskalender, Freizeit-, Restauranttipps, Theater-, Film- und Veranstaltungsrezensionen, online gibt es das Stadtmagazin »PRINZ« mit aktuellen Freizeit-, Lifestyle- und Gastro-Tipps.

ZOLL
Reisende aus Österreich dürfen Waren abgabenfrei mit nach Hause nehmen, wenn diese für den privaten Gebrauch bestimmt sind. Bestimmte Richtmengen sollten jedoch nicht überschritten werden (z. B. 800 Zigaretten, 90 l Wein, 10 kg Kaffee). Weitere Auskünfte unter www. zoll. de und bmf.gv.at/zoll.
Reisende aus der Schweiz dürfen Waren im Wert von 300 SFr abgabenfrei mit nach Hause nehmen, wenn diese für den privaten Gebrauch bestimmt sind. Tabakwaren und Alkohol fallen nicht unter diese Wertgrenze und bleiben in bestimmten Mengen abgabenfrei (z. B. 200 Zigaretten, 2 l Wein). Weitere Auskünfte unter www.zoll.ch.

WEGZEITEN (IN MINUTEN) ZWISCHEN WICHTIGEN SEHENSWÜRDIGKEITEN
* mit öffentlichen Verkehrsmitteln

	Potsdamer Platz	Unter den Linden	Hackesche Höfe	Savignyplatz	Nikolaiviertel	Kaiser-Wilhelm-Gedächtniskirche	Schloss Charlottenburg	Waldbühne	Botanischer Garten	Reichstag
Potsdamer Platz	–	20	10*	25*	20*	15*	45*	40*	35*	10*
Unter den Linden	20	–	10–15	20*	20*	15*	35*	45*	35*	5–30
Hackesche Höfe	10*	10–15	–	20*	25	20*	40*	35*	45*	20
Savignyplatz	25*	20*	20*	–	25*	25*	20*	15*	45*	20*
Nikolaiviertel	20*	20*	25	25*	–	25*	60*	45*	60*	30
Kaiser-Wilhelm-Gedächtniskirche	15*	15*	20*	25*	25*	–	20*	25*	40*	15*
Schloss Charlottenburg	45*	35*	40*	20*	60*	20*	–	40*	50*	30*
Waldbühne	40*	45*	35*	15*	45*	25*	40*	–	35*	25*
Botanischer Garten	35*	35*	45*	45*	60*	40*	50*	35*	–	35*
Reichstag	10*	5–30	20	20*	30	15*	30*	25*	35*	–

Kartenatlas

Maßstab 1:20 000

Legende

Sehenswürdigkeiten

10	MERIAN TopTen
	Sehenswürdigkeit, öffentl. Gebäude
✳	Sehenswürdigkeit Kultur
✳	Sehenswürdigkeit Natur
♟♟	Kirche; Kloster
♟♟	Schloss, Burg; Ruine
♟	Moschee
✡	Synagoge
⛫	Museum
Å	Denkmal
∩	Höhle

Verkehr

	Autobahn
	Autobahnähnliche Straße
	Fernverkehrsstraße
	Hauptstraße
	Nebenstraße
	Unbefestigte Straße, Weg
	Fußgängerzone
P	Parkmöglichkeit
B H	Busbahnhof; Bushaltestelle
U	U-Bahn
S	S-Bahn
DB	Bahnhof
✈ ⊕	Flughafen; Flugplatz

Sonstiges

i	Information
♉	Theater
♙	Markt
🐘	Zoo
▭	Botschaft, Konsulat
☀	Aussichtspunkt
† † †	Friedhof
Y Y Y	Muslimischer Friedhof
L L L	Jüdischer Friedhof
▭	National-, Naturpark
❀	Nationalpark

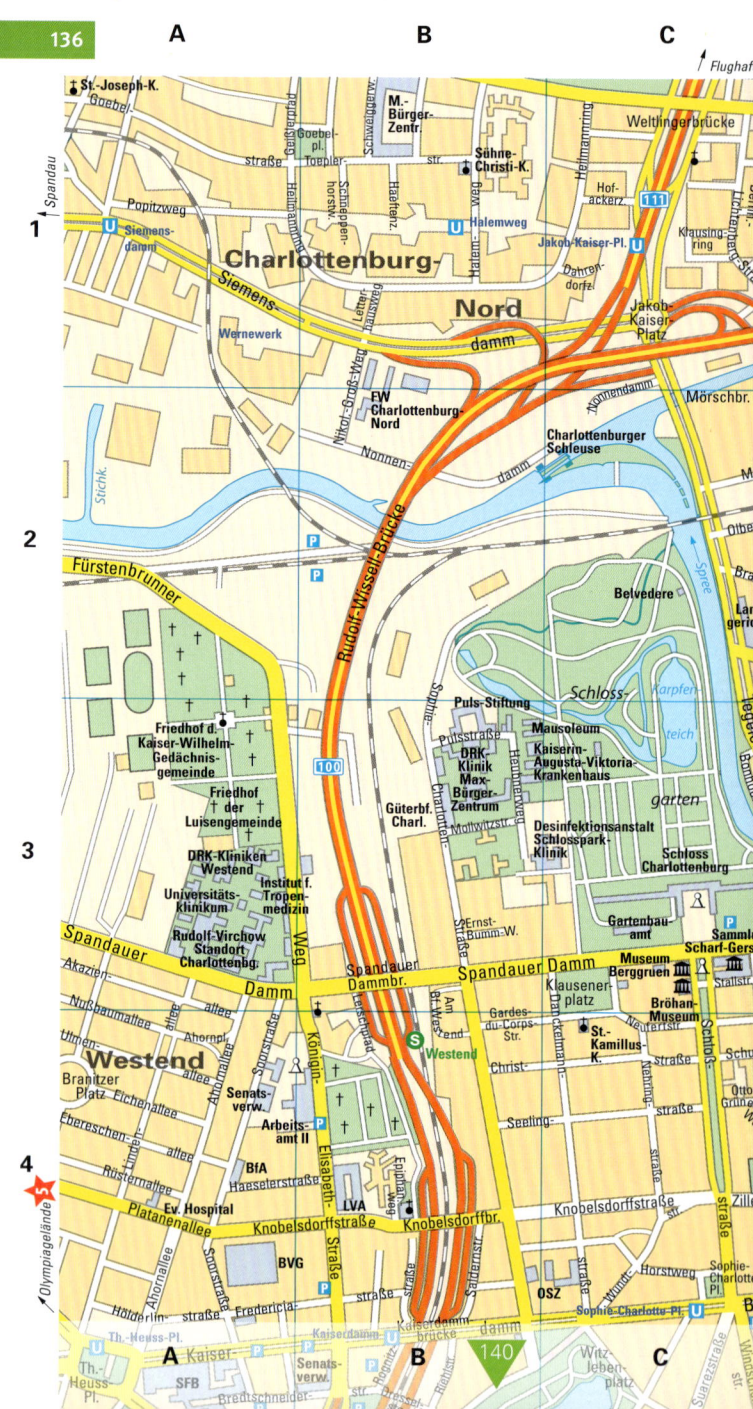

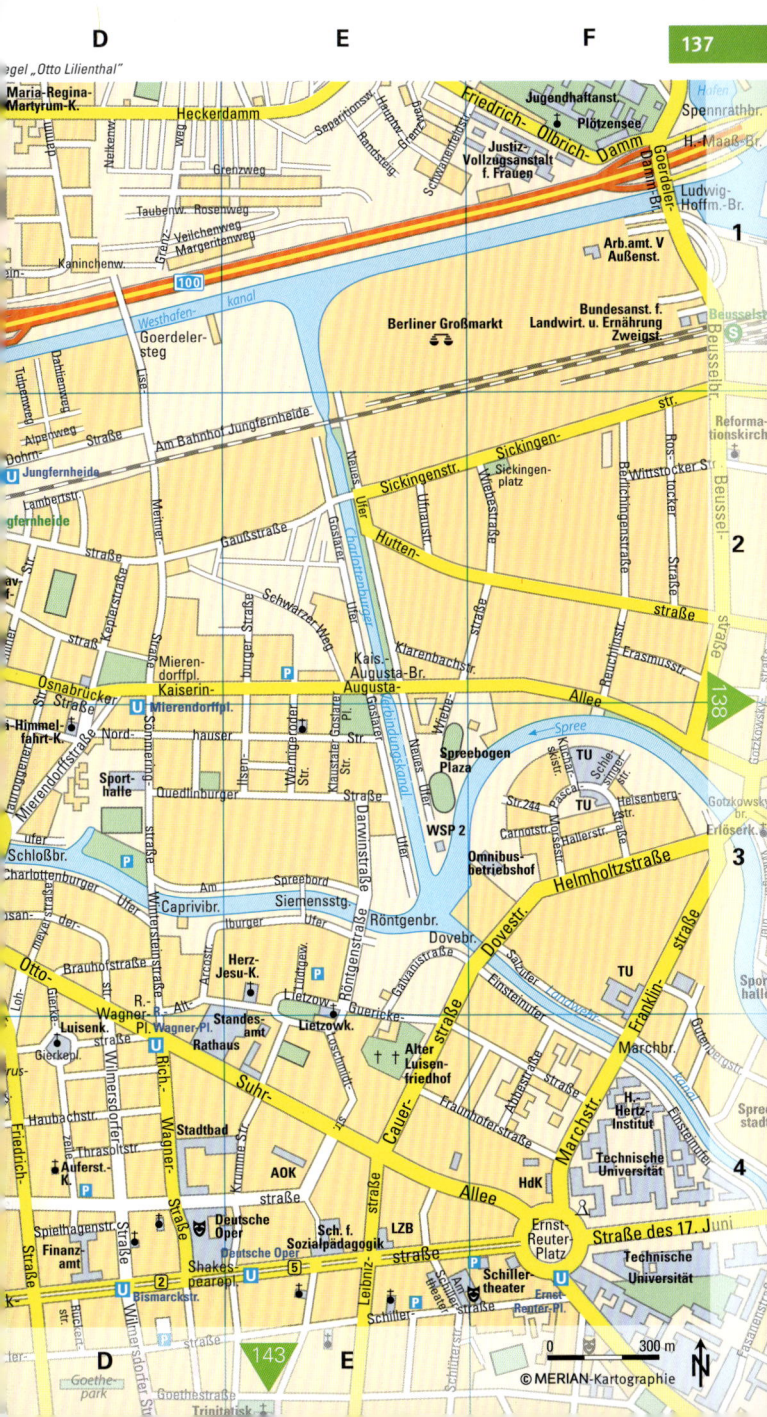

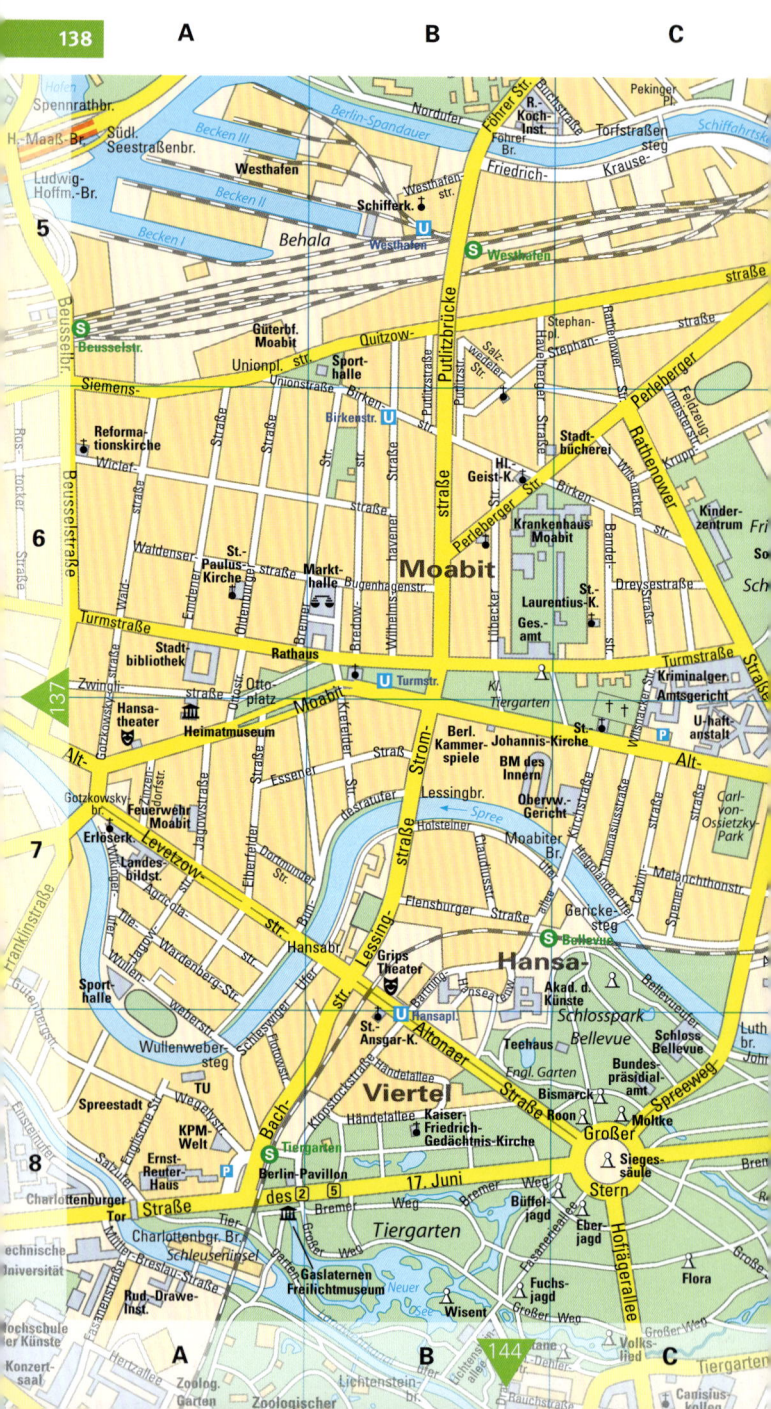

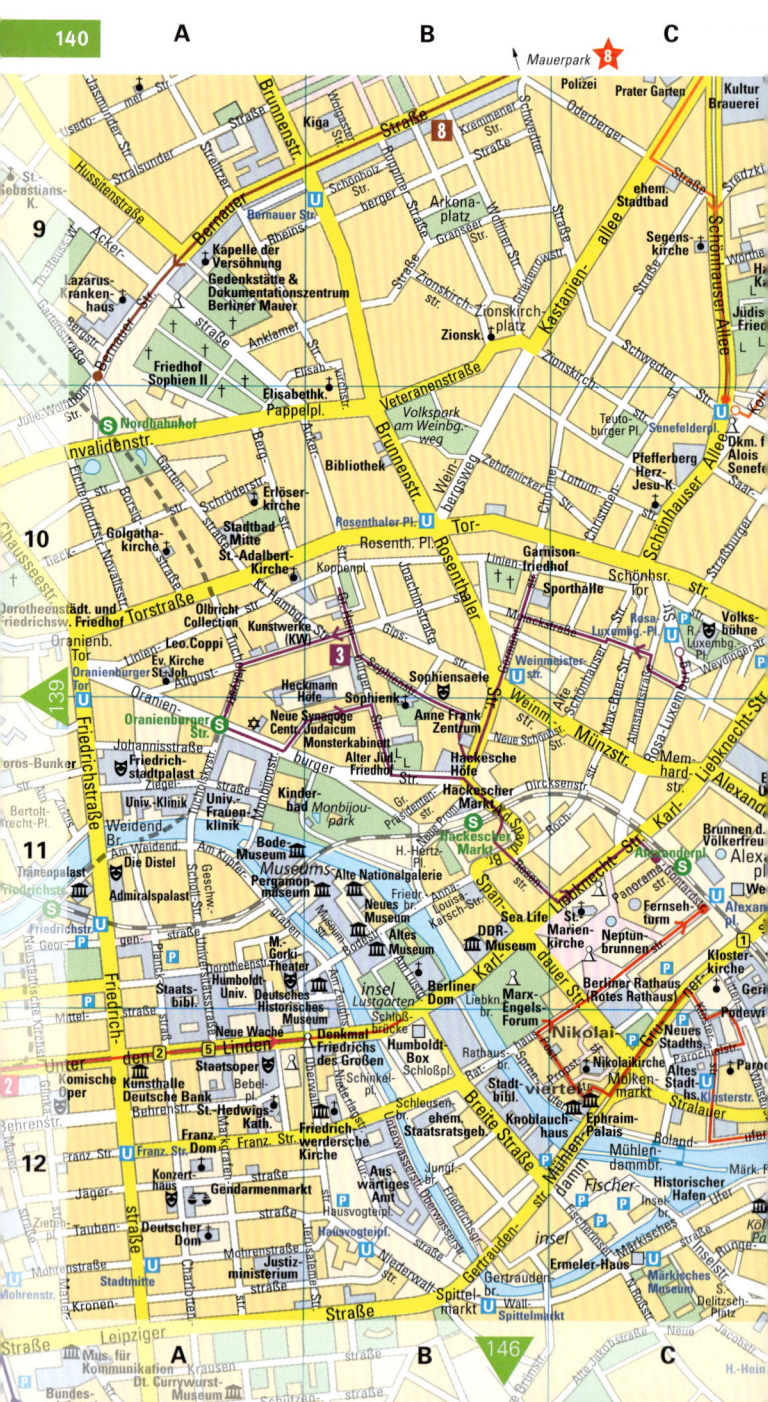

D   E   F

mholtzplatz

96a

0

straße

Kollwitzstr.

Kollwitz-
platz

synagoge

Husemann

Knaack

str.

Wasserturm

Immanuel-
kirche

Raabestr.

Heinr.-Roller-Str.

Str.

St.-Marien-
Nikolaigem.

St.-Georgen-
Gem.

Prenzlauer

Berg

St.-Nikolai-
Gem.

Mendel-

Sredzki

sohnstr.

Moll-

Str.

Stadt-
bibliothek

Danziger

Prenzlauer

Allee

Chodowiecki

Jablonski-

Christburger

straße

straße

Marienburger

straße

Immanuelkirchstraße

Greifswalder Str.

Georgenkirch

Hochste

Weber Straße

Städt.
Kranken-
haus

Kiga

Ernst-
Thälmann-
Park

Prenzlauer
Berg

Greifswalder

Str.

Anton-

Saefkow-

John-Schehr-Str.

Eugen-Schönhaar-

D.-Bonhoeffer-Str.

Pasteur

VHS

Hufeland

Niederkirchner-

K.-

Str.

Str.

Böhm

Hans-

straße

Friedrichshain

Am

Königs-
tor

2

Pl. am

St.-Bartholomäus-
Kirche

Volkspark

Friedrichshain

Volks-

park

Storkower Str.

Greifswalder
Straße

Anton
Saefkow

R.-Schwarz-Str.

Schehr-

Danziger

Arnswalder
Platz

Otto

Straße

Knipro-

de-

Straße

Advents-
kirche

Fitness-
center

Landsberger

Allee

Langenbeck

Landesamt

Stat. Bundes-u.

straße

O.-Braun-

Friedenstr.

Haus der
Gesundheit

Berolina

Mollstr.

Berolinastraße

Bezirksamt
Mitte

Weydinger

Kino
International

1

5

Bernhard

Weinmeyerstr.

Neue

Weberstr.

Pl. d.
Vereinten
Nationen

Straße

Strausber

Palisaden-

Friedrichshain

Krankenhaus
im
Friedrichshain

Auferste-
hungs-
kirche

Dieselmeyerstr.

Pufendorf

Straße

Friedhof der
St.-
Georgen-Gem.

Friedhof
d. Parochial-u.-
St.-Petri-Gem.

ndes-
mini-
mal-
amt

Hs. des
Lehrers

ongress-
alle

Karl-

Jacobystraße

LPVA

Poli-
klinik

Neue

Magazinstr.

Schilling

Singer-

str.

Blumenstr.

Strausberger
Platz

Lichtenberger

Weberstr.

Blumenstr.

Lenbus

Straße

Schwing

St.-
Pius-
Kirche

straße

Marx

Koppen

Computerspiele-
museum

Café Sybille

Gesundheits-
amt

Weidenweg

Weberwiese

Berlinomat

7

U

Andreas-

pl.

Kl.-Andreas-
str.

Rüdersdorfer

Singer

straße

Str. d. Pariser Komm.

Franz-
Mehring-
Pl.

Marchle

Thaerstr.

St.-
Antonius-
Kirche

Holzmarktstr.

owitzbr.

nowitzbr.

sches
m

Jannowitzbr.

U

1

Brückenstr.

cker

Michael-
br.

Spree

A.d. Mich.

Kraut-

Lange Straße

straße

Andreas-

Am

Mücheberger Str.

Koppen

Lange Straße

Erich-Steinfurt-Str.

Radial-
system V

Ostbahnhof

DB

Stralauer Pl.

S

Ostbahnhof

0   300 m

©MERIAN-Kartographie

N

BSR-
Verwaltung

Michaelkirchstraße

Straße

Schillingbr.

147

9

10

11

12

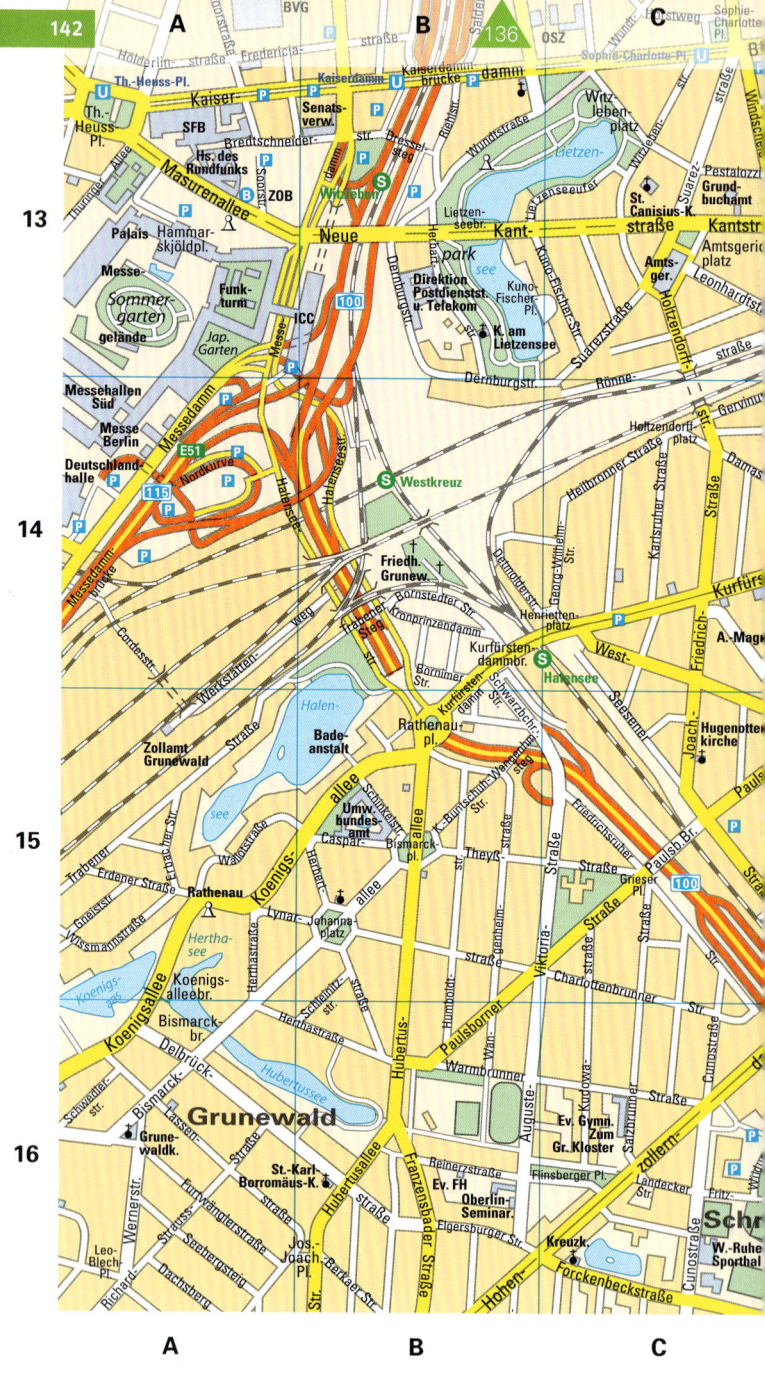

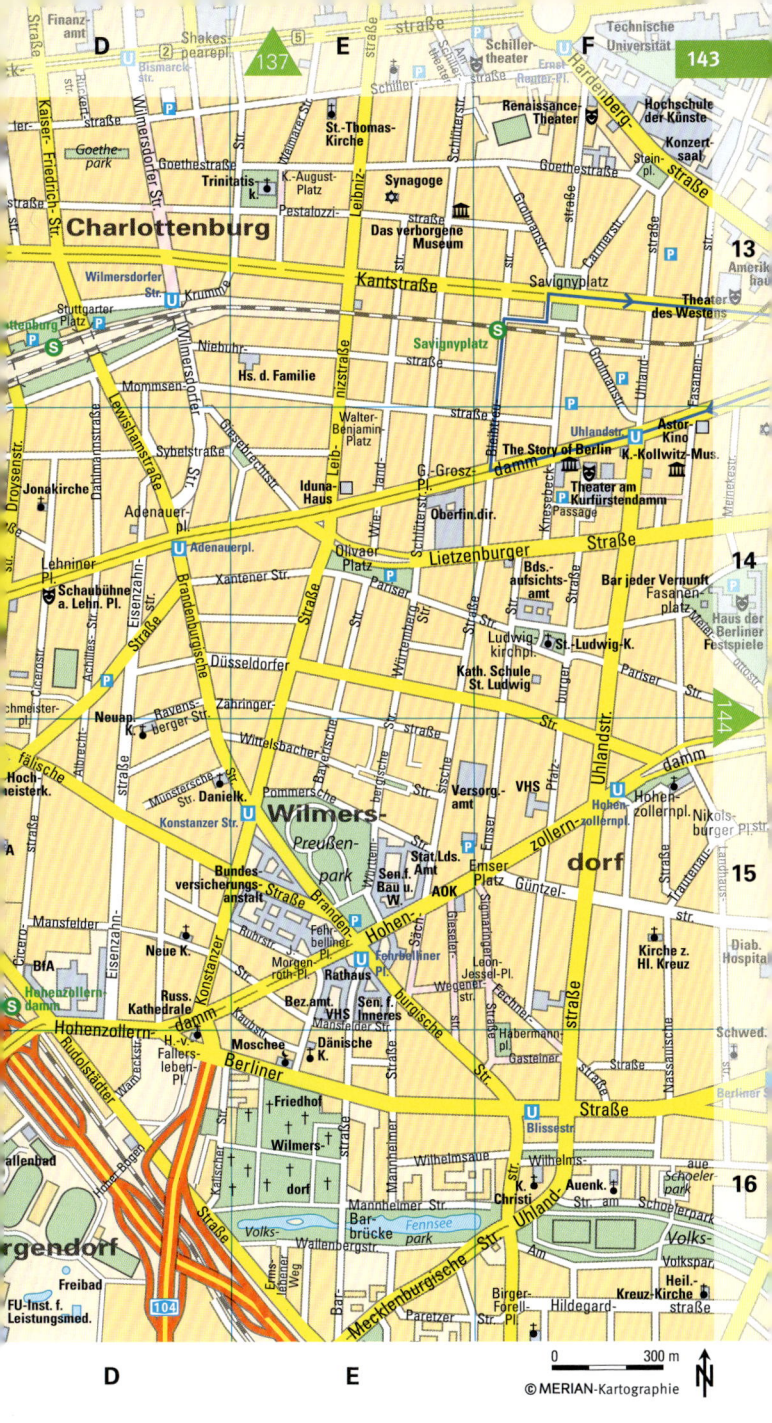

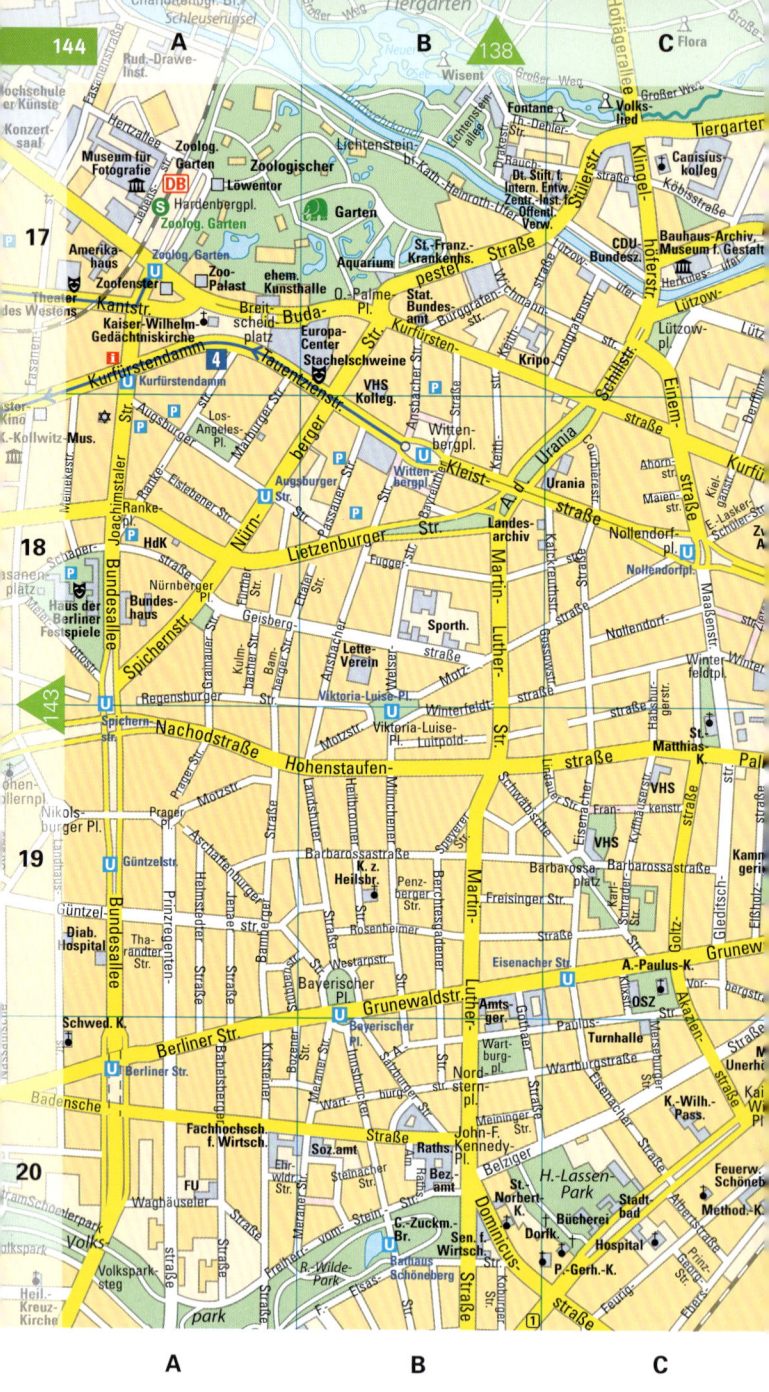

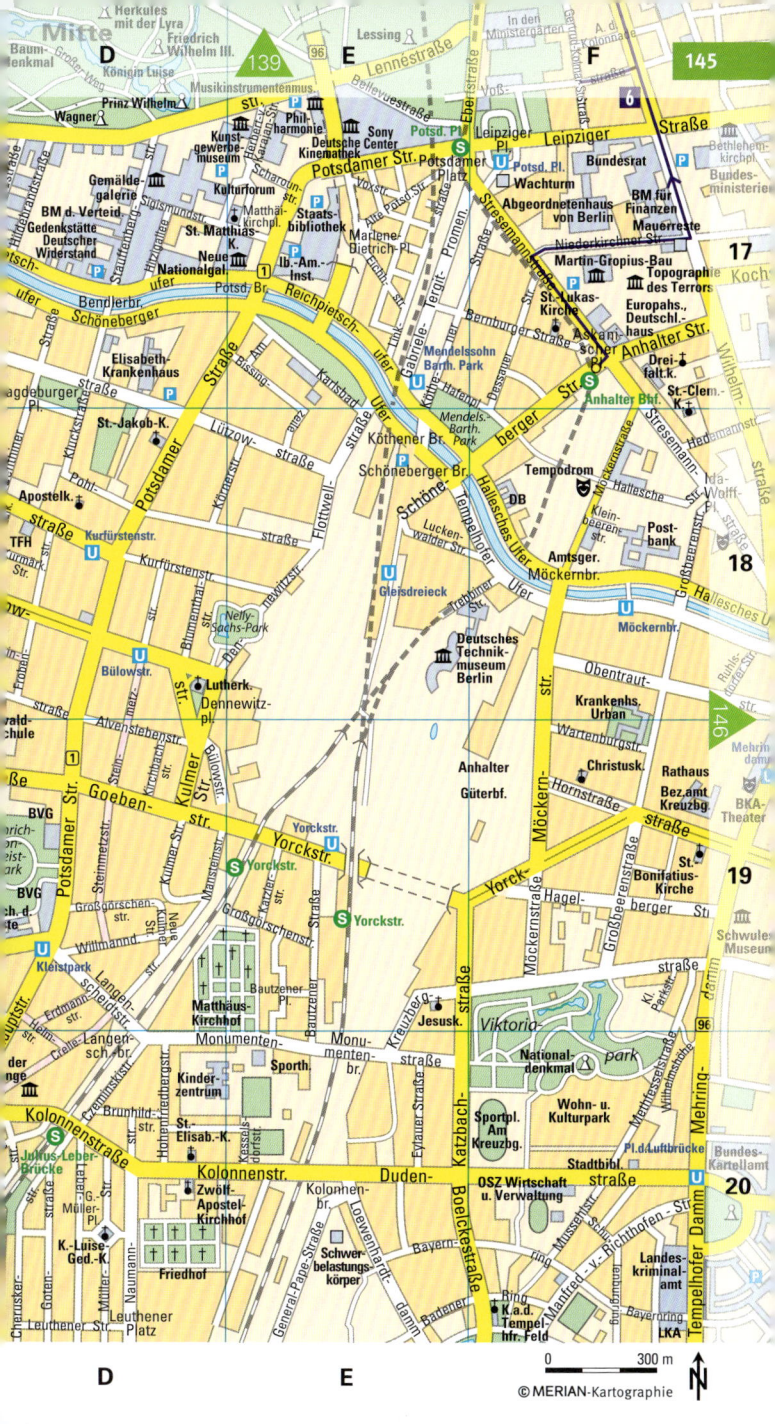

Herkules mit der Lyra
Baum- D Friedrich
denkmal Großer Weg Wilhelm III.
König Luise

Lessing R Lenné straße

In den
Ministergärten A di.

Musikinstrumentenmus. 96

Phil- Bellevuestr. Eberstr.
harmonie Sony Potsd. Pl. Leipziger Leipziger Straße
Prinz Wilhelm Deutsche Center Leipziger U Potsd. Pl.
Wagner Kunst- Kinemathek Potsdamer Str. Platz Wachturm Bundesrat
gewerbe- Potsdamer Str. Potsdamer BM für
museum Kulturforum Platz Abgeordnetenhaus Finanzen
Gemälde- von Berlin
galerie Scharoun str. Mauerreste
BM d. Verteid Staats- str. Niederkirchner Str.
Gedenkstätte Matthäi- bibliothek Stresemann Martin-Gropius-Bau Topographie
Deutscher St. Matthias Marlene Bernburger St.-Lukas- Europahs. des Terrors
Widerstand K. Ib.-Am.- Dietrich-Pl. Str. Kirche Deutschl.-
Nationalgal. Inst. haus

Bendler Potsd. Br. Promen. Drei
ufer Schöneberger Reichpietsch- Bernburger Straße scher Anhalter Str. falt.k.
berger Anhalter St.-Clem.
Mendelssohn K.
Elisabeth- Str. Bartholdy Park
Krankenhaus Lützow- ufer Köthener Br. Mendels.- Anhalter Bhf.
str. Karlsbad Barth.
St.-Jakob-K. Park
Schöneberger Br. Tempodrom
Apostelk. Pohl- Schöne- Hallesches DB Postbank
TFH Kurfürstenstr. Hottwell- Str. Str. Kleinbeeren- Amtsger.
Neue U Luckenwalder Str. str. Möckernbr.
Kurfürstenstr. Blumenthal- str.
Nelly- Tempelhofer Gleisdreieck Trebbiner Str. Möckernbr.
Sachs-Park Ufer U
Bülowstr. Lutherk. Obentraut-
U Dennewitz- Deutsches str.
Bülow str. pl. Technik- Krankenhs.
museum Urban
Goeben- Alvensleben Berlin Wartenburgstr. Rathaus
BVG str. Kulmer Str. Anhalter Christusk. Bez.amt
Güterbf. Möckern- str. Kreuzbg. straße
BVG Willmannd. Yorckstr. Hornstraße Bonifatius- St.
sch.d. S Yorckstr. Yorck- Kirche
U Yorckstr. berger Str.
Kleistpark Langen- S Yorckstr. Kreuzberg straße
scheidstr. Katzbach Schwules
Matthäus- Bautzener Str. Jesusk. Museum
Kirchhof Viktoria-
Monumenten- park
Sporth. Nationaldenkmal
Kinder- Monumenten- Wohn- u.
zentrum br. Kulturpark
Kolonnenstraße St.-Elisab.-K. Sportpl. Stadtbibl.
S Julius-Leber- Am Kreuzbg.
Brücke Kolonnenstr. Duden- straße
Zwölf- Kolonnen- OSZ Wirtschaft
Apostel- br. u. Verwaltung
K.-Luise- Kirchhof Boelckestraße
Ged.-K. Friedhof Schwer- Bayern-
belastungs- ring
körper K.a.d.
Tempel Landes-
hfr. Feld kriminal-
amt
LKA

0 300 m

© MERIAN-Kartographie

17

18

19

20

139

146

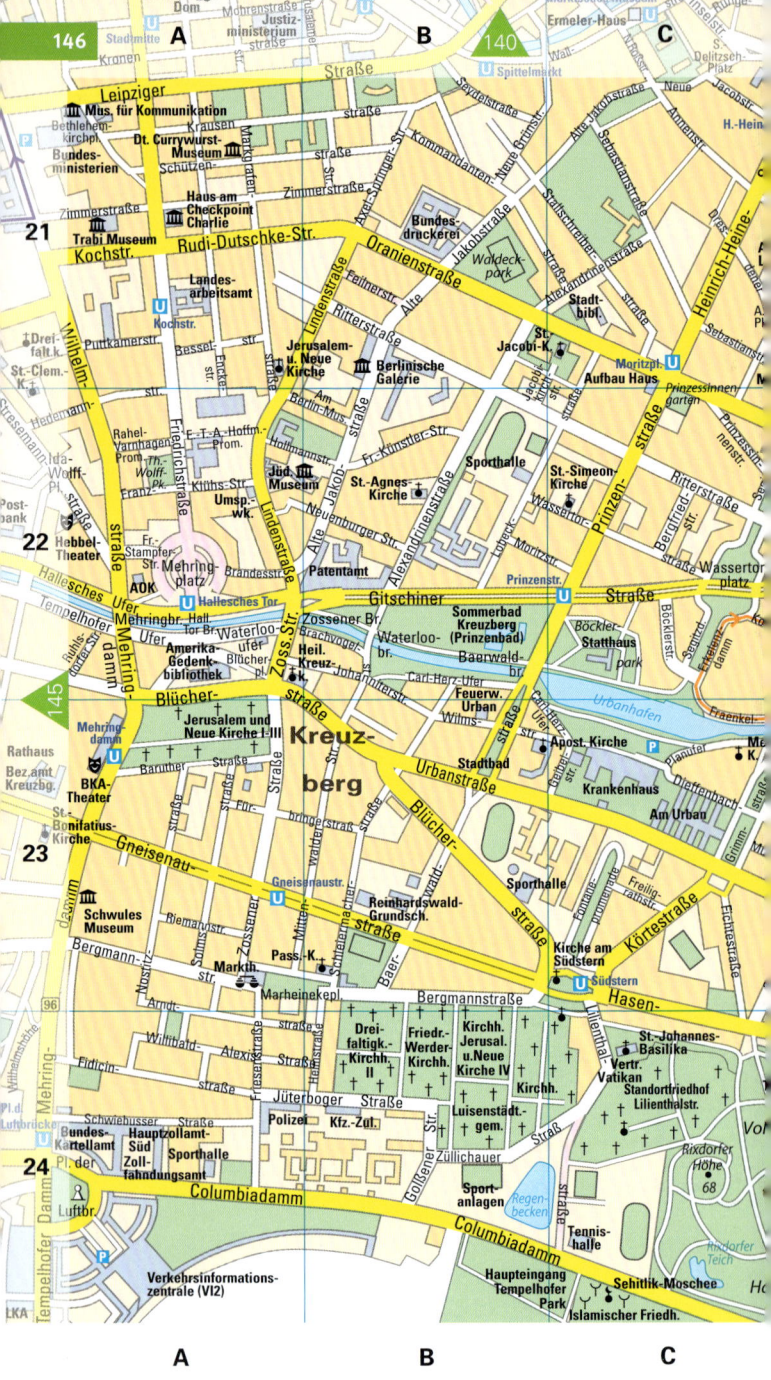

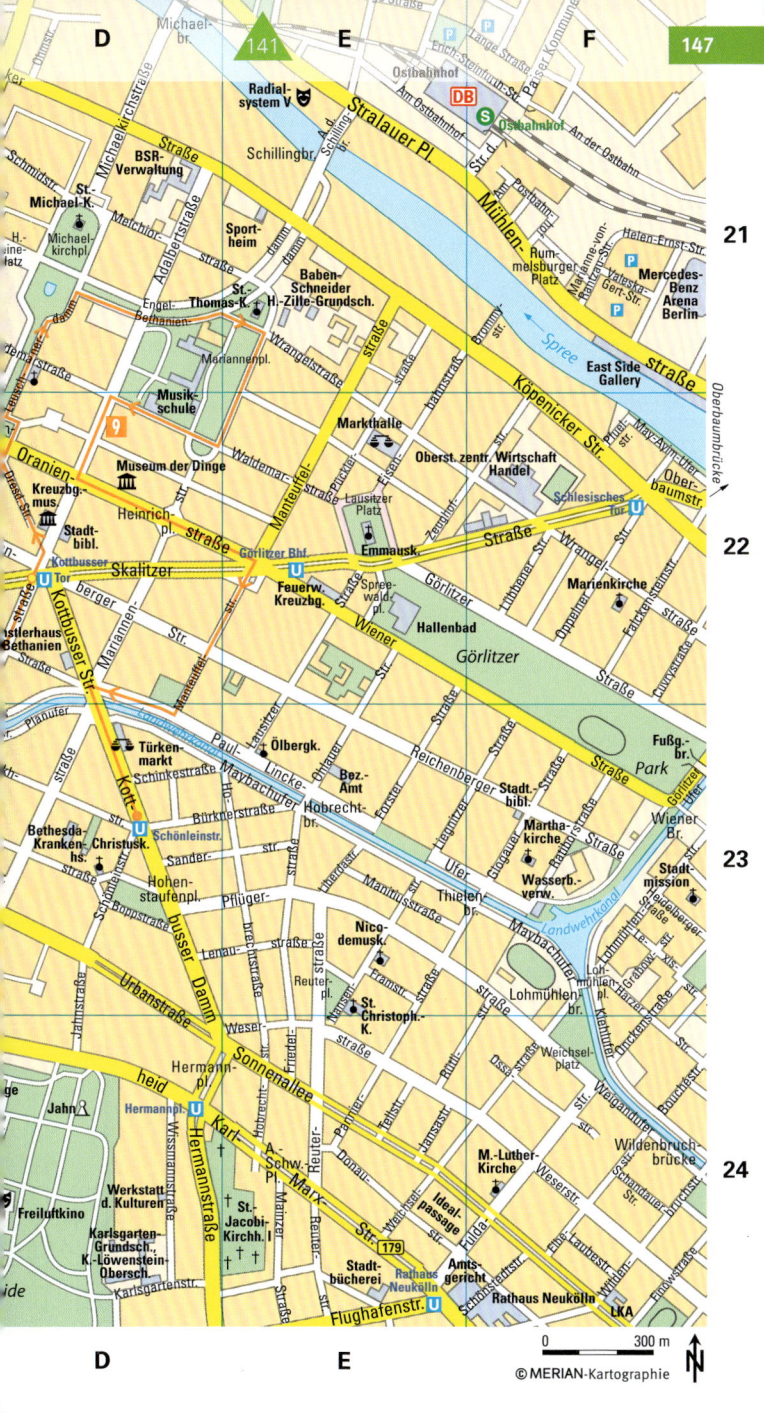

D

E

F

Michael-
br.

Erich-Steinfurth-Str.
Lange Straße
Passer Kommune

Ostbahnhof

Radial-
system V

Schillingbr.

Stralauer Pl.

Am Ostbahnhof

DB

S Ostbahnhof
An-der-Ostbahn

Dmstr.

Michaelkirchstraße

Straße

Schmidtstr.

BSR-
Verwaltung

Melchior-

Schillingstr.

Mühlen-

Postbahnh.

21

St.-
Michael-K.

H.-
ine-
latz

Michael-
kirchpl.

Adalbertstraße

Sport-
heim

straße

Rum-
melsburger
Platz

Madame-von-
Pankratz-Str.

Helen-Ernst-Str.

P

Madame-von-
Valeska-
Gert-Str.

Mercedes-
Benz
Arena
Berlin

Engel-
Bethanien.

St.-
Thomas-K.

Baben-
Schneider
H.-Zille-Grundsch.

Spree

East Side
Gallery

Köpenicker Str.

straße

Oberbaumbrücke

Musik-
schule

Marianenpl.

Wrangelstraße

Waldemar-

Markthalle

Museum der Dinge

Oberst. zentr. Wirtschaft
Handel

Max-Aim-Ufer

Ober-
baumstr.

Oranien-

Kreuzbg.-
mus.

Dresd. Straße

Heinrich-

straße

Manteuffel-

Lausitzer
Platz

Zeughof.

Schlesisches
Tor U

22

Stadt-
bibl.

Görlitzer Bhf

U

Emmausk.

Straße

Wrangel

Skalitzer

Kottbusser
Tor

berger

Feuerw.
Kreuzbg.

Spree-
wald-
pl.

Görlitzer

Marienkirche

Falckensteinstr.

Künstlerhaus
Bethanien

Marianen-

Str.

Wiener

Hallenbad

Görlitzer

Oppelner straße

straße

Straße

Kottbusser Str.

Planufer

Türken-
markt

Paul-

Lincke-

Ölbergk.

Reichenberger

Straße
Park

Görlitz.

Fußg.-
br.

Schinkestraße

Maybachufer

Bürknerstraße

Bez.-
Amt

Stadt-
bibl.

Wiener
Br.

Bethesda-
Kranken-
hs.

Christusk.

U Schönleinstr.

Sander-

straße

Martha-
kirche

Straße

Stadt-
mission

23

Hohen-
staufenpl.

Bonpstraße

Schönstedtstr.

Pflüger-

Mariannenstraße

Nico-
demusk.

Thielen-
br.

Wasserb.-
verw.

Ufer

Maybachufer

Landwehrkanal

Lohmühlen-
pl.

Heidelberger
straße

Urbanstraße

Lenau-

Reuter-

Framst.

St.
Christoph.-
K.

Lohmühlen-
br.

Kiefholzstr.

Hermannpl.

Weser-

Hermann-
heid

Sonnenallee

Jahn R

Hermannpl. U

Karl-

A.-
Schw.-
Pl.

Reuter

Donau-

Weichsel-
platz

Wildenbruch-
brücke

24

Freiluftkino

Werkstatt
d. Kulturen

Wissmannstraße

Hermannstraße

Marx-

Mainzer

M.-Luther-
Kirche

Weserstr.

Karlsgarten-
Grundsch.
K.-Löwenstein-
Obersch.

St.-
Jacobi-
Kirchh. I

Ideal-
passage

Amts-
gericht

Karlsgartenstr.

Stadt-
bücherei

179

Rathaus
Neukölln

Rathaus Neukölln

LKA

Flughafenstr. U

ide

0   300 m

N

© MERIAN-Kartographie

D

E

Kartenregister

Orts- und Sachregister

Wird ein Begriff mehrfach aufgeführt, verweist die **halbfett** gedruckte Zahl auf die Hauptnennung. Abkürzungen: Hotel [H], Restaurant [R]

Liebe Leserinnen und Leser,
vielen Dank, dass Sie sich für einen Titel aus unserer Reihe MERIAN *live!* entschieden haben. Wir freuen uns, Ihre Meinung zu diesem Reiseführer zu erfahren. Bitte schreiben Sie uns an merian-live@graefe-und-unzer.de, wenn Sie Berichtigungen und Ergänzungen haben – und natürlich auch, wenn Ihnen etwas ganz besonders gefällt.
Alle Angaben in diesem Reiseführer sind gewissenhaft geprüft. Preise, Öffnungszeiten usw. können sich aber schnell ändern. Für eventuelle Fehler übernimmt der Verlag keine Haftung.

© 2017 GRÄFE UND UNZER VERLAG GmbH, München
MERIAN ist eine eingetragene Marke der GANSKE VERLAGSGRUPPE.

1. Auflage 2017

Alle Rechte vorbehalten. Nachdruck, auch auszugsweise, sowie die Verbreitung durch Film, Funk, Fernsehen und Internet, durch fotomechanische Wiedergabe, Tonträger und Datenverarbeitungssysteme jeglicher Art nur mit schriftlicher Genehmigung des Verlages.

BEI INTERESSE AN DIGITALEN DATEN AUS DER MERIAN-KARTOGRAPHIE:
kartographie@graefe-und-unzer.de

BEI INTERESSE AN MASSGESCHNEI-DERTEN MERIAN-PRODUKTEN:
veronica.reisenegger@graefe-und-unzer.de

BEI INTERESSE AN ANZEIGEN:
KV Kommunalverlag GmbH & Co KG
Tel. 0 89/9 28 09 60
info@kommunal-verlag.de

GRÄFE UND UNZER VERLAG
Postfach 86 03 66
81630 München
merian-live@graefe-und-unzer.de
Tel. 0 89/41 98 19 41

REDAKTIONSLEITUNG
Susanne Kronester
REDAKTION
Juliane Helf, Nadia Turszynski
SATZ
Sabine Dohme, München
BILDREDAKTION
Tobias Schärtl
SCHLUSSREDAKTION
Andrea Lazarovici
HERSTELLUNG
Bettina Häfele
REIHENGESTALTUNG
La Voilà, München und Leipzig
(Coverkonzept, Ergänzungen Innenteil)
Independent Medien Design, Horst Moser, München (Innenteil)
KARTEN
Kunth Verlag GmbH & Co. KG
für MERIAN-Kartographie
DRUCK UND BINDUNG
Printer Trento, Italien

Ein Unternehmen der
GANSKE VERLAGSGRUPPE

PEFC/18-31-506

S U Bahn Berlin

RE6-RB20

Nauen
RB10
RB14

Brieselang

RE2
Wismar

Finkenkrug

Falkensee
Seegefeld
Albrechtshof

RB20
RE4-RB14

Zitadelle Haselhorst Paulste

Altstadt Spandau

Dallgow-
Döberitz

Rathenow
RE4
Wuster-
mark
RB13
RB21

RE4-RB13

Elstal

Staaken   **Spandau**

Rathaus Spandau U7

Stresow

RE2-RE4-RE6-RB10-RB13-RB14

Ruhleben U2

S5

Priort

Pichelsberg

Olympia-
Stadion

Olympiastadion

Heerstr.

RB21

RB20

RE2-RB14

T

Grunewald

Marquardt

RE1-RE7-RB21-RB22

Oska

Onkel To

Schlachten

Golm

Mexiko

Nikolassee

S1 RB10 **Wannsee**

Branden-
burg
RE1
Magde-
burg
RE1

Park
Sans-
souci

Char-
lotten-
hof

Griebnitz-
see
Babelsberg

RB20-RB21-RB22

RE1-RE7-RB21-RB22-RB23

Werder
(Havel)

Potsdam Hbf   S7   RB20   RB21   RB22
RB23

Medienstadt Babelsberg

Pirschheide

Rehbrücke

RB22

Caputh-
Geltow

Wilhelmshorst

RB33

Caputh-
Schwielowsee

Michendorf RB21

Saarmund

Ferch-
Lienewitz

Seddin

Dessau RB7   RB33 Jüterbog